陳澄波全集
CHEN CHENG-PO CORPUS
第十八卷・年譜
Volume 18・Chronicle

策劃／財團法人陳澄波文化基金會

發行／財團法人陳澄波文化基金會
中央研究院臺灣史研究所

出版／藝術家出版社

感 謝
APPRECIATE

文化部 Ministry of Culture

嘉義市政府 Chiayi City Government

臺北市立美術館 Taipei Fine Arts Museum

高雄市立美術館 Kaohsiung Museum of Fine Arts

台灣創價學會 Taiwan Soka Association

尊彩藝術中心 Liang Gallery

吳慧姬女士 Ms. WU HUI-CHI

陳澄波全集
CHEN CHENG-PO CORPUS

第十八卷 · 年譜
Volume 18 · Chronicle

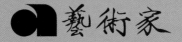

目　錄

Contents

榮譽董事長 序

　　家父陳澄波先生生於臺灣割讓給日本的乙未（1895）之年，罹難於戰後動亂的二二八事件（1947）之際。可以說：家父的生和死，都和歷史的事件有關；他本人也成了歷史的人物。

　　家父的不幸罹難，或許是一樁歷史的悲劇；但家父的一生，熱烈而精采，應該是一齣藝術的大戲。他是臺灣日治時期第一個油畫作品入選「帝展」的重要藝術家；他的一生，足跡跨越臺灣、日本、中國等地，居留上海期間，也榮膺多項要職與榮譽，可說是一位生活得極其精彩的成功藝術家。

　　個人幼年時期，曾和家母、家姊共赴上海，與父親團聚，度過一段相當愉快、難忘的時光。父親的榮光，對當時尚屬童稚的我，雖不能完全理解，但隨著年歲的增長，即使家父辭世多年，每每思及，仍覺益發同感驕傲。

　　父親的不幸罹難，伴隨而來的是政治的戒嚴與社會疑慮的眼光，但母親以她超凡的意志與勇氣，完好地保存了父親所有的文件、史料與畫作。即使隻紙片字，今日看來，都是如此地珍貴、難得。

　　感謝中央研究院翁啟惠院長和臺灣史研究所謝國興所長的應允共同出版，讓這些珍貴的史料、畫作，能夠從家族的手中，交付給社會，成為全民共有共享的資產；也感謝基金會所有董事的支持，尤其是總主編蕭瓊瑞教授和所有參與編輯撰文的學者們辛勞的付出。

　　期待家父的努力和家母的守成，都能夠透過這套《全集》的出版，讓社會大眾看到，給予他們應有的定位，也讓家父的成果成為下一代持續努力精進的基石。

　　我が父陳澄波は、台湾が日本に割讓された乙未（1895）の年に生まれ、戦後の騒乱の228事件（1947）の際に、乱に遭われて不審判で処刑されました。父の生と死は謂わば、歴史事件と関ったことだけではなく、その本人も歴史的な人物に成りました。

　　父の不幸な遭難は、一つの歴史の悲劇であるに違いません。だが、彼の生涯は、激しくて素晴らしいもので、一つの芸術の偉大なドラマであることとも言えよう。彼は、台湾の殖民時代に、初めで日本の「帝国美術展覧会」に入選した重要な芸術家です。彼の生涯のうちに、台湾は勿論、日本、中国各地を踏みました。上海に滞在していたうちに、要職と名誉が与えられました。それらの面から見れば、彼は、極めて成功した芸術家であるに違いません。

　　幼い時期、私は、家父との団欒のために、母と姉と一緒に上海に行き、すごく楽しくて忘れられない歳月を過ごしました。その時、尚幼い私にとって、父の輝き仕事が、完全に理解できなっかものです。だが、歳月の経つに連れて、父が亡くなった長い歳月を経たさえも、それらのことを思い出すと、彼の仕事が益々感心するようになりました。

　　父の政治上の不幸な非命の死のせいで、その後の戒厳令による厳しい状況と社会からの疑わしい眼差しの下で、母は非凡な意志と勇気をもって、父に関するあらゆる文献、資料と作品を完璧に保存しました。その中での僅かな資料であるさえも、今から見れば、貴重且大切なものになれるでしょう。

　　この度は、中央研究院長翁啟恵と台湾史研究所所長謝国興のお合意の上で、これらの貴重な文献、作品を共同に出版させました。終に、それらが家族の手から社会に渡され、我が文化の共同的な資源になりました。基金会の理事全員の支持を得ることを感謝するとともに、特に総編集者である蕭瓊瑞教授とあらゆる編輯作者たちのご苦労に心より謝意を申し上げます。

　　この《全集》の出版を通して、父の努力と母による父の遺物の守りということを皆さんに見せ、評価が下させられることを期待します。また、父の成果がその後の世代の精力的に努力し続ける基盤になれるものを深く望んでおります。

財團法人陳澄波文化基金會
榮譽董事長
2012.3　　陳重光

8

Foreword from the Honorary Chairman

My father was born in the year Taiwan was ceded to Japan (1895) and died in the turbulent post-war period when the 228 Incident took place (1947). His life and death were closely related to historical events, and today, he himself has become a historical figure.

The death of my father may have been a part of a tragic event in history, but his life was a great repertoire in the world of art. One of his many oil paintings was the first by a Taiwanese artist featured in the Imperial Fine Arts Academy Exhibition. His life spanned Taiwan, Japan and China and during his residency in Shanghai, he held important positions in the art scene and obtained numerous honors. It can be said that he was a truly successful artist who lived an extremely colorful life.

When I was a child, I joined my father in Shanghai with my mother and elder sister where we spent some of the most pleasant and unforgettable days of our lives. Although I could not fully appreciate how venerated my father was at the time, as years passed and even after he left this world a long time ago, whenever I think of him, I am proud of him.

The unfortunate death of my father was followed by a period of martial law in Taiwan which led to suspicion and distrust by others towards our family. But with unrelenting will and courage, my mother managed to preserve my father's paintings, personal documents, and related historical references. Today, even a small piece of information has become a precious resource.

I would like to express gratitude to Wong Chi-huey, president of Academia Sinica, and Hsieh Kuo-hsing, director of the Institute of Taiwan History, for agreeing to publish the *Chen Cheng-po Corpus* together. It is through their effort that all the precious historical references and paintings are delivered from our hands to society and shared by all. I am also grateful for the generous support given by the Board of Directors of our foundation. Finally, I would like to give special thanks to Professor Hsiao Chong-ray, our editor-in-chief, and all the scholars who participated in the editing and writing of the *Chen Cheng-po Corpus*.

Through the publication of the *Chen Cheng-po Corpus*, I hope the public will see how my father dedicated himself to painting, and how my mother protected his achievements. They deserve recognition from the society of Taiwan, and I believe my father's works can lay a solid foundation for the next generation of Taiwan artists.

Honorary Chairman, Chen Cheng-po Cultural Foundation
Chen Tsung-kuang
2012.3

院長 序

　　嘉義鄉賢陳澄波先生，是日治時期臺灣最具代表性的本土畫家之一，1926年他以西洋畫作〔嘉義街外〕入選日本畫壇最高榮譽的「日本帝國美術展覽會」，是當時臺灣籍畫家中的第一人；翌年再度以〔夏日街景〕入選「帝展」，奠定他在臺灣畫壇的先驅地位。1929年陳澄波完成在日本的專業繪畫教育，隨即應聘前往上海擔任新華藝術專校西畫教席，當時也是臺灣畫家第一人。然而陳澄波先生不僅僅是一位傑出的畫家而已，更重要的是他作為一個臺灣知識分子與文化人，在當時臺灣人面對中國、臺灣、日本之間複雜的民族、國家意識與文化認同問題上，反映在他的工作、經歷、思想等各方面的代表性，包括對傳統中華文化的繼承、臺灣地方文化與生活價值的重視（以及對臺灣土地與人民的熱愛）、日本近代性文化（以及透過日本而來的西方近代化）之吸收，加上戰後特殊時局下的不幸遭遇等，已使陳澄波先生成為近代臺灣史上的重要人物，我們今天要研究陳澄波，應該從臺灣歷史的整體宏觀角度切入，才能深入理解。

　　中央研究院臺灣史研究所此次受邀參與《陳澄波全集》的資料整輯與出版事宜，十分榮幸。臺史所近幾年在收集整理臺灣民間資料方面累積了不少成果，臺史所檔案館所收藏的臺灣各種官方與民間文書資料，包括實物與數位檔案，也相當具有特色，與各界合作將資料數位化整理保存的專業經驗十分豐富，在這個領域可說居於領導地位。我們相信臺灣歷史研究的深化需要多元的觀點與重層的探討，這一次臺史所有機會與財團法人陳澄波文化基金會合作共同出版《陳澄波全集》，以及後續協助建立數位資料庫，一方面有助於將陳澄波先生的相關資料以多元方式整體呈現，另一方面也代表在研究與建構臺灣歷史發展的主體性目標上，多了一項有力的材料與工具，值得大家珍惜善用。

臺北南港／中央研究院
院長
2012.3　翁啟惠

Foreword from the President of the Academia Sinica

Mr. Chen Cheng-po, a notable citizen of Chiayi, was among the most representative painters of Taiwan during Japanese rule. In 1926, his oil painting *Outside Chiayi Street* was featured in Imperial Fine Arts Academy Exhibition. This made him the first Taiwanese painter to ever attend the top-honor painting event. In the next year, his work *Summer Street Scene* was selected again to the Imperial Exhibition, which secured a pioneering status for him in the local painting scene. In 1929, as soon as Chen completed his painting education in Japan, he headed for Shanghai under invitation to be an instructor of Western painting at Xinhua Art College. Such cordial treatment was unprecedented for Taiwanese painters. Chen was not just an excellent painter. As an intellectual his work, experience and thoughts in the face of the political turmoil in China, Taiwan and Japan, reflected the pivotal issues of national consciousness and cultural identification of all Taiwanese people. The issues included the passing on of Chinese cultural traditions, the respect for the local culture and values (and the love for the island and its people), and the acceptance of modern Japanese culture. Together with these elements and his unfortunate death in the post-war era, Chen became an important figure in the modern history of Taiwan. If we are to study the artist, we would definitely have to take a macroscopic view to fully understand him.

It is an honor for the Institute of Taiwan History of the Academia Sinica to participate in the editing and publishing of the *Chen Cheng-po Corpus*. The institute has achieved substantial results in collecting and archiving folk materials of Taiwan in recent years, the result an impressive archive of various official and folk documents, including objects and digital files. The institute has taken a pivotal role in digital archiving while working with professionals in different fields. We believe that varied views and multi-faceted discussion are needed to further the study of Taiwan history. By publishing the *corpus* with the Chen Cheng-po Cultural Foundation and providing assistance in building a digital database, the institute is given a wonderful chance to present the artist's literature in a diversified yet comprehensive way. In terms of developing and studying the subjectivity of Taiwan history, such a strong reference should always be cherished and utilized by all.

President of the Academia Sinica
Nangang, Taipei
Wong Chi-huey
2012.3

總主編 序

　　作為臺灣第一代西畫家，陳澄波幾乎可以和「臺灣美術」劃上等號。這原因，不僅僅因為他是臺灣畫家中入選「帝國美術展覽會」（簡稱「帝展」）的第一人，更由於他對藝術創作的投入與堅持，以及對臺灣美術運動的推進與貢獻。

　　出生於乙未割臺之年（1895）的陳澄波，父親陳守愚先生是一位精通漢學的清末秀才；儘管童年的生活，主要是由祖母照顧，但陳澄波仍從父親身上傳承了深厚的漢學基礎與強烈的祖國意識。這些養分，日後都成為他藝術生命重要的動力。

　　1917年臺灣總督府國語學校畢業，1918年陳澄波便與同鄉的張捷女士結縭，並分發母校嘉義公學校服務，後調往郊區的水崛頭公學校。未久，便因對藝術創作的強烈慾望，在夫人的全力支持下，於1924年，服完六年義務教學後，毅然辭去人人稱羨的安定教職，前往日本留學，考入東京美術學校圖畫師範科。

　　1926年，東京美校三年級，便以〔嘉義街外〕一作，入選第七回「帝展」，為臺灣油畫家入選之第一人，震動全島。1927年，又以〔夏日街景〕再度入選。同年，本科結業，再入研究科深造。

　　1928年，作品〔龍山寺〕也獲第二屆「臺灣美術展覽會」（簡稱「臺展」）「特選」。隔年，東美畢業，即前往上海任教，先後擔任「新華藝專」西畫科主任教授，及「昌明藝專」、「藝苑研究所」等校西畫教授及主任等職。此外，亦代表中華民國參加芝加哥世界博覽會，同時入選全國十二代表畫家。其間，作品持續多次入選「帝展」及「臺展」，並於1929年獲「臺展」無鑑查展出資格。

　　居滬期間，陳澄波教學相長、奮力創作，留下許多大幅力作，均呈現特殊的現代主義思維。同時，他也積極參與新派畫家活動，如「決瀾社」的多次籌備會議。他生性活潑、熱力四射，與傳統國畫家和新派畫家均有深厚交誼。

　　唯1932年，爆發「一二八」上海事件，中日衝突，這位熱愛祖國的臺灣畫家，竟被以「日僑」身分，遭受排擠，險遭不測，並被迫於1933年離滬返臺。

　　返臺後的陳澄波，將全生命奉獻給故鄉，邀集同好，組成「臺陽美術協會」，每年舉辦年展及全島巡迴展，全力推動美術提升及普及的工作，影響深遠。個人創作亦於此時邁入高峰，色彩濃郁活潑，充分展現臺灣林木翁鬱、地貌豐美、人群和善的特色。

　　1945年，二次大戰終了，臺灣重回中國統治，他以興奮的心情，號召眾人學說「國語」，並加入「三民主義青年團」，同時膺任第一屆嘉義市參議會議員。1947年年初，爆發「二二八事件」，他代表市民前往水上機場協商、慰問，卻遭扣留羈押；並於3月25日上午，被押往嘉義火車站前廣場，槍決示眾，熱血流入他日夜描繪的故鄉黃泥土地，留給後人無限懷思。

　　陳澄波的遇難，成為戰後臺灣歷史中的一項禁忌，有關他的生平、作品，也在許多後輩的心中逐漸模糊淡忘。儘管隨著政治的逐漸解嚴，部分作品開始重新出土，並在國際拍賣場上屢創新高；但學界對他的生平、創作之理解，仍停留在有限的資料及作品上，對其獨特的思維與風格，也難以一窺全貌，更遑論一般社會大眾。

　　以「政治受難者」的角色來認識陳澄波，對這位一生奉獻給藝術的畫家而言，顯然是不公平的。歷經三代人的含冤、忍辱、保存，陳澄波大量的資料、畫作，首次披露在社會大眾的面前，這當中還不包括那些因白蟻蛀蝕

而毀壞的許多作品。

　　個人有幸在1994年，陳澄波百年誕辰的「陳澄波‧嘉義人學術研討會」中，首次以「視覺恆常性」的角度，試圖詮釋陳氏那種極具個人獨特風格的作品；也得識陳澄波的長公子陳重光老師，得悉陳澄波的作品、資料，如何一路從夫人張捷女士的手中，交到重光老師的手上，那是一段滄桑而艱辛的歷史。大約兩年前（2010），重光老師的長子立栢先生，從職場退休，在東南亞成功的企業經營經驗，讓他面對祖父的這批文件、史料及作品時，迅速地知覺這是一批不僅屬於家族，也是臺灣社會，乃至近代歷史的珍貴文化資產，必須要有一些積極的作為，進行永久性的保存與安置。於是大規模作品修復的工作迅速展開；2011年至2012年之際，兩個大型的紀念展：「切切故鄉情」與「行過江南」，也在高雄市立美術館、臺北市立美術館先後且重疊地推出。眾人才驚訝這位生命不幸中斷的藝術家，竟然留下如此大批精采的畫作，顯然真正的「陳澄波研究」才剛要展開。

　　基於為藝術家留下儘可能完整的生命記錄，也基於為臺灣歷史文化保留一份長久被壓縮、忽略的珍貴資產，《陳澄波全集》在眾人的努力下，正式啟動。這套全集，合計十八卷，前十卷為大八開的巨型精裝圖版畫冊，分別為：第一卷的油畫，搜羅包括僅存黑白圖版的作品，約近300餘幅；第二卷為炭筆素描、水彩畫、膠彩畫、水墨畫及書法等，合計約241件；第三卷為淡彩速寫，約400餘件，其中淡彩裸女占最大部分，也是最具特色的精采力作；第四卷為速寫（I），包括單張速寫約1103件；第五卷為速寫（II），分別出自38本素描簿中約1200餘幅作品；第六、七卷為個人史料（I）、（II），分別包括陳氏家族照片、個人照片、書信、文書、史料等；第八、九卷為陳氏收藏，包括相當完整的「帝展」明信片，以及各式畫冊、圖書；第十卷為相關文獻資料，即他人對陳氏的研究、介紹、展覽及相關周邊產品。

　　至於第十一至十八卷，為十六開本的軟精裝，以文字為主，分別包括：第十一卷的陳氏文稿及筆記；第十二、十三卷的評論集，即歷來對陳氏作品研究的文章彙集；第十四卷的二二八相關史料，以和陳氏相關者為主；第十五至十七卷，為陳氏作品歷年來的修復報告及材料分析；第十八卷則為陳氏年譜，試圖立體化地呈現藝術家生命史。

　　對臺灣歷史而言，陳澄波不只是個傑出且重要的畫家，同時他也是一個影響臺灣深遠（不論他的生或他的死）的歷史人物。《陳澄波全集》由財團法人陳澄波文化基金會和中央研究院臺灣史研究所共同發行出版，正是名實合一地呈現了這樣的意義。

　　感謝為《全集》各冊盡心分勞的學界朋友們，也感謝執行編輯賴鈴如、何冠儀兩位小姐的辛勞；同時要謝謝藝術家出版社何政廣社長，尤其他的得力助手美編柯美麗小姐不厭其煩的付出。當然《全集》的出版，背後最重要的推手，還是陳重光老師和他的長公子立栢夫婦，以及整個家族的支持。這件歷史性的工程，將為臺灣歷史增添無限光采與榮耀。

《陳澄波全集》總主編

國立成功大學歷史系所教授　蕭瓊瑞

Foreword from the Editor-in-Chief

As an important first-generation painter, the name Chen Cheng-po is virtually synonymous with Taiwan fine arts. Not only was Chen the first Taiwanese artist featured in the Imperial Fine Arts Academy Exhibition (called "Imperial Exhibition" hereafter), but he also dedicated his life toward artistic creation and the advocacy of art in Taiwan.

Chen Cheng-po was born in 1895, the year Qing Dynasty China ceded Taiwan to Imperial Japan. His father, Chen Shou-yu, was a Chinese imperial scholar proficient in Sinology. Although Chen's childhood years were spent mostly with his grandmother, a solid foundation of Sinology and a strong sense of patriotism were fostered by his father. Both became Chen's impetus for pursuing an artistic career later on.

In 1917, Chen Cheng-po graduated from the Taiwan Governor-General's Office National Language School. In 1918, he married his hometown sweetheart Chang Jie. He was assigned a teaching post at his alma mater, the Chiayi Public School and later transferred to the suburban Shuikutou Public School. Chen resigned from the much envied post in 1924 after six years of compulsory teaching service. With the full support of his wife, he began to explore his strong desire for artistic creation. He then travelled to Japan and was admitted into the Teacher Training Department of the Tokyo School of Fine Arts.

In 1926, during his junior year, Chen's oil painting *Outside Chiayi Street* was featured in the 7th Imperial Exhibition. His selection caused a sensation in Taiwan as it was the first time a local oil painter was included in the exhibition. Chen was featured at the exhibition again in 1927 with *Summer Street Scene*. That same year, he completed his undergraduate studies and entered the graduate program at Tokyo School of Fine Arts.

In 1928, Chen's painting *Longshan Temple* was awarded the Special Selection prize at the second Taiwan Fine Arts Exhibition (called "Taiwan Exhibition" hereafter). After he graduated the next year, Chen went straight to Shanghai to take up a teaching post. There, Chen taught as a Professor and Dean of the Western Painting Departments of the Xinhua Art College, Changming Art School, and Yiyuan Painting Research Institute. During this period, his painting represented the Republic of China at the Chicago World Fair, and he was selected to the list of Top Twelve National Painters. Chen's works also featured in the Imperial Exhibition and the Taiwan Exhibition many more times, and in 1929 he gained audit exemption from the Taiwan Exhibition.

During his residency in Shanghai, Chen Cheng-po spared no effort toward the creation of art, completing several large-sized paintings that manifested distinct modernist thinking of the time. He also actively participated in modernist painting events, such as the many preparatory meetings of the Dike-breaking Club. Chen's outgoing and enthusiastic personality helped him form deep bonds with both traditional and modernist Chinese painters.

Yet in 1932, with the outbreak of the 128 Incident in Shanghai, the local Chinese and Japanese communities clashed. Chen was outcast by locals because of his Japanese expatriate status and nearly lost his life amidst the chaos. Ultimately, he was forced to return to Taiwan in 1933.

On his return, Chen devoted himself to his homeland. He invited like-minded enthusiasts to found the Tai Yang Art Society, which held annual exhibitions and tours to promote art to the general public. The association was immensely successful and had a profound influence on the development and advocacy for fine arts in Taiwan. It was during this period that Chen's creative expression climaxed — his use of strong and lively colors fully expressed the verdant forests, breathtaking landscape and friendly people of Taiwan.

When the Second World War ended in 1945, Taiwan returned to Chinese control. Chen eagerly called on everyone around him to adopt the new national language, Mandarin. He also joined the Three Principles of the People Youth Corps, and served as a councilor of the Chiayi City Council in its first term. Not long after, the 228 Incident broke out in early 1947. On behalf of the Chiayi citizens, he went to the Shueishang Airport to negotiate with and appease Kuomintang troops, but instead was detained and imprisoned without trial. On the morning of March 25, he was publicly executed at the Chiayi Train Station Plaza. His warm blood flowed down onto the land which he had painted day and night, leaving only his works and memories for future generations.

The unjust execution of Chen Cheng-po became a taboo topic in postwar Taiwan's history. His life and works were gradually lost to the minds of the younger generation. It was not until martial law was lifted that some of Chen's works re-emerged and were sold at record-breaking prices at international auctions. Even so, the academia had little to go on about his life and works due to scarce resources. It was a difficult task for most scholars to research and develop a comprehensive view of Chen's unique philosophy and style given the limited resources available, let alone for the general public.

Clearly, it is unjust to perceive Chen, a painter who dedicated his whole life to art, as a mere political victim. After three generations of suffering from injustice and humiliation, along with difficulties in the preservation of his works, the time has come for his descendants to finally reveal a large quantity of Chen's paintings and related materials to the public. Many other works have been damaged by termites.

I was honored to have participated in the "A Soul of Chiayi: A Centennial Exhibition of Chen Cheng-po" symposium in celebration of the artist's hundredth birthday in 1994. At that time, I analyzed Chen's unique style using the concept of visual constancy. It was also at the seminar that I met Chen Tsung-kuang, Chen Cheng-po's eldest son. I learned how the artist's works and documents had been painstakingly preserved by his wife Chang Jie before they were passed down to their son. About two years ago, in 2010, Chen Tsung-kuang's eldest son, Chen Li-po, retired. As a successful entrepreneur in Southeast Asia, he quickly realized that the paintings and documents were precious cultural assets not only to his own family, but also to Taiwan society and its modern history. Actions were soon taken for the permanent preservation of Chen Cheng-po's works, beginning with a massive restoration project. At the turn of 2011 and 2012, two large-scale commemorative exhibitions that featured Chen Cheng-po's works launched with overlapping exhibition periods — "Nostalgia in the Vast Universe" at the Kaohsiung Museum of Fine Arts and "Journey through Jiangnan" at the Taipei Fine Arts Museum. Both exhibits surprised the general public with the sheer number of his works that had never seen the light of day. From the warm reception of viewers, it is fair to say that the Chen Cheng-po research effort has truly begun.

In order to keep a complete record of the artist's life, and to preserve these long-repressed cultural assets of Taiwan, we publish the *Chen Cheng-po Corpus* in joint effort with coworkers and friends. The works are presented in 18 volumes, the first 10 of which come in hardcover octavo deluxe form. The first volume features nearly 300 oil paintings, including those for which only black-and-white images exist. The second volume consists of 241 calligraphy, ink wash painting, glue color painting, charcoal sketch, watercolor, and other works. The third volume contains more than 400 watercolor sketches most powerfully delivered works that feature female nudes. The fourth volume includes 1,103 sketches. The fifth volume comprises 1,200 sketches selected from Chen's 38 sketchbooks. The artist's personal historic materials are included in the sixth and seventh volumes. The materials include his family photos, individual photo shots, letters, and paper documents. The eighth and ninth volumes contain a complete collection of Empire Art Exhibition postcards, relevant collections, literature, and resources. The tenth volume consists of research done on Chen Cheng-po, exhibition material, and other related information.

Volumes eleven to eighteen are paperback decimo-sexto copies mainly consisting of Chen's writings and notes. The eleventh volume comprises articles and notes written by Chen. The twelfth and thirteenth volumes contain studies on Chen. The historical materials on the 228 Incident included in the fourteenth volumes are mostly focused on Chen. The fifteen to seventeen volumes focus on restoration reports and materials analysis of Chen's artworks. The eighteenth volume features Chen's chronology, so as to more vividly present the artist's life.

Chen Cheng-po was more than a painting master to Taiwan — his life and death cast lasting influence on the Island's history. The *Chen Cheng-po Corpus*, jointly published by the Chen Cheng-po Cultural Foundation and the Institute of Taiwan History of Academia Sinica, manifests Chen's importance both in form and in content.

I am grateful to the scholar friends who went out of their way to share the burden of compiling the *corpus*; to executive editors Lai Ling-ju and Ho Kuan-yi for their great support; and Ho Cheng-kuang, president of Artist Publishing co. and his capable art editor Ke Mei-li for their patience and support. For sure, I owe the most gratitude to Chen Tsung-kuang; his eldest son Li-po and his wife Hui-ling; and the entire Chen family for their support and encouragement in the course of publication. This historic project will bring unlimited glamour and glory to the history of Taiwan.

Editor-in-Chief, *Chen Cheng-po Corpus*
Professor, Department of History, National Cheng Kung University
Hsiao Chong-ray

生命成為歷史的一部分

陳澄波的生平年表，從1979年首次重新展出時，出版專輯中的4頁，到2022年這一整冊《年譜》的出版，是一段何其巨大而艱難的歷史重建工程。

作為臺灣日治時期第一代西畫家、第一位作品入選「帝展」的臺灣油畫家，也是戰後1947年「二二八事件」的受難者，陳澄波標示著臺灣美術史的榮光、熱情與屈辱。

曾經在「二二八」遇難後，成為臺灣社會禁忌的這個名字：陳澄波，經歷逾30年的消音與流失，在1979年年底，首次由民間畫廊的「春之藝廊」舉辦了「陳澄波遺作展」；同時，由雄獅美術社出版《台灣美術家2　陳澄波》專輯，輯中由其長子陳重光親撰〈陳澄波生平年表〉，計有4頁，已是歷來最完整的年表構建。

此後，隨著臺灣政治解嚴、陳澄波各式專題展、回顧展的舉辦，以往迷濛、煙滅的生平歷史，也逐次撥雲見日。這當中，特別是「百年」及「百二」兩次大展，搭配學術研討會及史料整理，讓陳澄波的生命足跡，有了更鮮明的呈現。

不過，這本《年譜》的出版，除了奠基於前述的各整理與累積外，最重大的資訊來源，則仍為2012年起《陳澄波全集》的整理、編纂與出版；作為《全集》的最後一冊，正是將前面17卷的內容資料，彙整、比對、考證，集中映現陳氏53歲的生命，細至年、月，乃日的點點滴滴；而當中提供最大助益者，則是猶如陳氏日記一般的速寫畫稿，特別是上頭標記的年月、地點，及畫題、註記。

以下依幾個生命階段，指出本《年譜》的一些重要修正與貢獻。

一、出生到留學前（1895-1924）：

1. 首先將陳氏出生地，修正為「清領時期的臺灣省臺南府嘉義縣」。之前的資料經常引用陳氏本人在「履歷表」中的寫法：「嘉義廳嘉義西堡嘉義街」，但那是日治時期的新戶籍。陳澄波出生的1895年2月2日，距離同年4月17日清廷與日本簽訂馬關條約，還有兩個多月時間；若以6月2日清、日雙方代表在基隆外海輪船上簽署《交接臺灣文據》，或6月17日在臺北舉行總督府始政典禮，則還有4個多月的時間。雖然不論是2個多月或4個多月，對這個剛出世的小兒而言，同樣都是懵懂無知的年代；但對日後成為一個具有文化反省能力的知識青年而言，則是終生背負著一種「遺民」或「被殖民」的心理烙印，乃有戰後萌發「生於前清，死於漢室」的欣慰與感嘆。豈料一語成懺，回歸「祖國」不到兩年時間，即成「二二八事件」下的罹難冤魂。

2. 父親陳守愚先生在1909年的過世，也是以往年表較少註記的項目。守愚翁生於1867年，作為前清秀才，日人治臺的1895年，守愚翁正值30歲的青壯之年；面對這樣的時局變動，他選擇固守傳統漢學知識，一方面進行私塾教學，二方面也督促陳澄波研讀經書。這樣的舉動，也可能是寄望兒子有朝一日，能回到中國參加科舉，走上仕途。未料，中國的科舉在1905年正式停辦。這樣的背景，也就能夠解釋：為何守愚翁一直未讓陳澄波進入新式教育的公學校就讀，直到1907年，才在陳澄波已經13歲的年紀，進入公學校成為老學生。而兩年後，守愚翁即逝世；再兩年，辛亥革命爆發，1912年滿清覆滅、中華民國成立。

3. 1915年元旦，陳澄波開始「以日文抄寫日本文學家之短文、應用文等文章，封面題為《作文集帳》（作文集帖）。」這年陳澄波21歲，已是臺北臺灣總督府國語學校公學校師範部乙科二年級的學生。抄寫日本文學家短文，或

許也是師範教育中學生必要的課程學習；但是對於日後成為藝術家的陳澄波而言，毋寧說：這只是師範生的課程作業，不如說：此時的陳澄波，正是透過這些文學家的眼睛，學習到如何看待物象、景像背後更深層的內涵與意義。這樣的特質，自然也就引領他走向類如荷蘭畫家梵谷的藝術之路。

4. 1917年3月25日，陳澄波自國語學校畢業，同年3月31日取得嘉義公學校訓導任命書，此後擔任多項講習會講師，至1919年4月1日獲任嘉義第一公學校訓導，年底（12.29）再任同校教諭。1920年2月25日取得丙種臺灣公學校教諭資格，1923年3月10日完成臺灣總督府臺南師範學校開設的研習課程，並取得乙種臺灣公學校教諭資格。

從此次《年譜》的整理，對陳澄波教師資格的升遷，有一更完整的釐清。國語學校畢業後，即具有公學校訓導資格，但不見得就能獲得學校的專聘；而訓導還是屬於教師助理的層級，教諭才是真正的教師，且能配掛肩章、手持武士刀，是正式的文官。陳澄波完成乙種公學校教諭資格的訓練，是在臺南師範學校；因此，他除了是臺北師範（臺北國語學校）的校友，也是臺南師範的校友。

陳澄波的公學校教師生涯在1924年3月11日，以「依願退職」名義結束。

二、留日時期（1924-1929）：

1. 陳澄波入學東京美術學校圖畫師範科的確切日期應為1924年4月5日，此時，他已是30歲之齡。同年留下的作品，除油畫外，另有書法、膠彩、水墨等，顯示圖畫師範科的課程，關懷面向廣闊，文化思維也較之純粹的西洋畫科更為多元；這也促使陳澄波日後的藝術創作，超越其他同樣留學東美的前輩西洋畫家，具有更深刻的文化自覺與探索。

2. 1925年，陳澄波首度叩關「帝展」，不幸落選；1926年再度叩關，以〔嘉義街外〕一作入選，成為臺灣油畫家入選帝展第一人。《年譜》將當年的報導、評論均摘要收錄。

3. 1927年3月24日，陳澄波自東京美術學校圖畫師範畢業，取得師範學校、中學校、高等女學校圖畫手工科教師資格；隨即進入圖畫師範科研究科。糾正了之前「進入西畫研究科」的錯誤說法。

4. 留日期間，陳澄波參加了多項日本重要展出，並獲得諸多媒體報導、評論，均依年代順序收錄，有助於未來之研究。除1926年的「帝展」外，另如：1927年的太平洋畫會第23回展、槐樹社第4回展、6月27-30日在臺北博物館的個展、7月8-10日在嘉義公會堂的個展、10月間以〔夏日街景〕入選第8回帝展，及以〔帝室博物館〕入選第1回臺展；1928年的白日會第5回展、1930年協會第3回洋畫展、槐樹社第5回展、太平洋畫會第24回展、7月28-30日在廈門旭瀛書院個展，及第2回臺展；1929年的本鄉美術展覽會第4回展、槐樹社第6回展等。這是一段藉由展覽廣泛學習、自我提升的重要階段。

三、上海時期（1929-1933）

這是以往年表最被簡化而模糊的一段時期。

1. 1929年3月24日自東京美術學校圖書師範科研究科畢業，4月10-30日，即以〔早春〕、〔清流〕、〔網坊之午後〕等作參展上海第1屆全國美術展覽會；6月6日至10月9日，則以〔湖上晴光〕、〔外灘公園〕、〔中國婦女裸

體〕、〔杭州通江橋〕等作參展西湖博覽會。同時任藝苑繪畫研究所指導員。

　　2. 1929年6月14日，陳澄波感染白喉，病情急速惡化，住院療養。顯然也因為此一染疫，打斷了原本有意北訪北平藝壇的計劃。

　　3. 陳澄波初抵上海所參與的藝苑繪畫研究所，顯然是當年上海藝壇最重要的交流平臺。《年譜》1929年7月間所引：現代名家書畫展覽會，及為張大千、俞劍華赴日舉辦之餐會……等，在在顯示陳澄波均為其間參與者；而同年8月，即與汪荻浪同時獲聘為上海新華藝術大學（後改名新華藝術專科學校）西畫系教授。

　　4. 即使人在上海，但陳澄波仍積極參與臺、日兩地藝術活動，1929年8月31日至9月3日，即有其作品參展首回「赤島社」展的大幅報導資料；10月16日，以〔早春〕入選第10回帝展；11月16日，則以無鑑查參展第3回臺展，〔晚秋〕並獲得「特選」榮譽……等。

　　5. 1930年1月，受聘昌明藝術專科學校藝術教育系西畫主任及西畫教授。不過，當時很多臺灣媒體，都將他稱作「上海美術學校洋畫部主任」，應屬一種簡稱的說法。惟陳澄波在1931年2月即辭去新華藝校主任職務，同時也動念一併辭去昌明藝專藝術教育系主任，一心想成為一個純粹的老師，以便有更多的時間來創作與讀書。

　　6. 陳澄波居滬期間，曾經多次返臺，包括：1930年7月至8月間，除在臺中公會堂個展外，更受前總督上山滿之進之託，前往東海岸描繪達奇里溪（今立霧溪）風景，即後來在上山總督故鄉紀念圖書館重新出土的〔東台灣臨海道〕油畫。此畫作除以泰雅族人作為前方點景人物，油畫畫框亦以達悟族船板雕成，除反映日人將臺灣稱作「高砂國」、以高砂族作為臺灣的代表外，亦顯示陳澄波對原住民文化的高度關心與重視。

　　7. 陳澄波居滬期間，另一重大的參與，也是以往年表未曾提及的，就是1931年9月23日出席和倪貽德、龐薰琹、周多等人在上海梅園酒樓召開的「決瀾社」第一次會務會議，這是日後被視為中國第一個前衛藝術的團體。會議中決定了「決瀾社」的名稱，也決議在1932年元旦舉行首次個展；只是後來因東北滿州事變（九一八事變），未能實現。1932年1月6日再舉行第二次會務會議，陳澄波仍持續參與，同時決定4月中旬舉行畫展；惟1月28日日軍侵滬，畫展之案又成泡影。

　　8. 關於上海一二八事變之後陳澄波的動向，此次《年譜》也有較詳細的釐清。首先是1月28日事變當天，陳澄波便帶著全家前往法租界避難，因新華藝專就在法租界內；隨後，便由夫人張捷帶著小孩先行返臺。2月13日，臺灣媒體傳出陳澄波在上海墜海身故的傳聞。17日，陳澄波自上海託友人攜帶書信回家，表明人在上海平安無事，並請家人寄旅費以便返臺。這段期間，陳澄波仍居上海並留下多幅速寫；直到6月15日始回到臺灣。年底（11月）前往東京參觀帝展。隔年（1933）元月，再度前往上海，留下油畫〔戰災（商務印書館正面）〕外，3月間亦與友人合影於新華藝專；5月前往浙江杭州、紹興、江蘇南通、狼山、天生港等地速寫，5月27日回到上海；兩天後（5月29日）人已在日本神戶，5月31日在瀨戶內海，6月6日回到臺灣。10月3日祖母林寶珠逝世。

四、返臺定居時期（1933-1947）：

　　這是陳澄波一生最安定的一段時期，回到自己的故鄉，前衛畫風的追求告一段落，專注於故鄉風土的描繪、刻

劃，更投注大量的心力在美術運動的推動，特別是美術團體的組成。

1. 1934年11月12日，參與推動「臺陽美術協會」的成立，成為日後推動臺灣美術最大的一個民間團體；《年譜》彙整了當時媒體相關的報導，亦可窺見當時官民各方的意見。第1回臺陽展則於1935年5月4-12日舉辦於臺北臺灣教育會館，陳澄波以「畫伯」身分，作品受到廣大的介紹與評論，均收入《年譜》。

2. 1935年10月9日，陳澄波參與臺灣文藝聯盟嘉義支部總會，其中包括時任中央書局總經理的張星建等人，亦可證見陳澄波返臺後的活動，不只限在美術界，而是與文化界人士多所互動；如：1936年2月8日，參加臺灣文藝聯盟主辦的「綜合藝術座談」，發表對臺灣音樂與戲劇的看法。

3. 承襲父親守愚翁對傳統漢學的重視，陳澄波也督促子女學習書法，1936年9月19-23日臺灣書道協會主辦第1回書道展，陳澄波長女紫薇、次女碧女，乃至年紀才10歲的長男重光，均以楷書入選。

4. 回臺定居後，陳澄波仍多次前往日本參觀帝展、或寫生，如：1934年9月15日，即因張李德和的資助赴東京參加帝展，並寫生；1936年10月27日，再赴東京，住李石樵處，早晚都到畫塾練習，下午則外出寫生；1939年9月23日，長女出嫁歸寧後20天，又赴東京速寫；1941年10月上旬，又有「從東京返臺」的訊息，應是在此之前又有赴日的行動，且是為了「府展」的作品做準備……。此時，戰爭已經進入末期，陳澄波也無法逃避捐獻作品給皇軍，以表示支持聖戰的時潮。

5. 這是陳澄波作品參展臺地各種展覽最頻繁的時期，特別是臺、府展，而引發的各種評論意見也特別豐富；其中既有正面的肯定，但提出質疑的負面意見亦復不少。《年譜》如實收錄，除可窺見陳澄波創作上的作風獨特，常引爭議；不過在時隔近一世紀後，亦可證見當時評論家與創作者之間的各自堅持。

6. 有關1947年2月28日「二二八事件」爆發後的陳澄波詳細行止及相關資料，已收入《全集》第14卷；《年譜》摘錄其中要項，感謝張炎憲與中央研究院臺灣史研究所所長許雪姬兩先生的整理。

作為《年譜》第二部分的〈身後記事〉則是收錄陳氏辭世後，作品的展出狀況及相關活動的辦理，以《年譜》出版的前一年2020年為斷限，也是陳澄波長子重光先生辭世的一年。

《年譜》的出版，也標示著《陳澄波全集》18卷的完整結集。做為《全集》總編纂，謹向陳氏家屬致敬，也向所有參與貢獻的研究者、翻譯者、編輯者、出版者，以及文物保存、提供者，和作品收藏者、資金贊助者，致上最深謝意。

歷史的重建，是歷時性的全民工程。《陳澄波全集》的出版，為歷史留下重要礎石，也為陳澄波以其生命豐富了臺灣歷史，留下永恆的見證；陳澄波的生命已然成了臺灣文化史不容或缺的一部分。

*

【註釋】
---
* 蕭瓊瑞：《陳澄波全集》總主編，國立成功大學歷史系所名譽教授。

Life as a Part of History

When an account of Chen Cheng-po's life was on exhibit for the first time in 1979, only four pages were on display. The publication of the *Chronicle of Chen Cheng-po* (the *Chronicle*) in 2022 demonstrates that it is a bold and arduous history rebuilding project.

As one of the first Western-style painters during the Japanese occupation of Taiwan, the first Taiwanese oil painter whose work had been selected for the Imperial Exhibition, and also a victim of the 228 Incident after WWII, Chen Cheng-po symbolizes the glory, passion, and humiliation of Taiwan art history.

The name "Chen Cheng-po" had been taboo in Taiwan society since the artist was killed in the 228 Incident. After more than 30 years of censorship and banishment, *Chen Cheng-po Posthumous Exhibition* was held for the first time at the privately-run Spring Fine Arts Gallery at the end of 1979. Simultaneously, Lion Art Publishing published a special issue of its magazine under the title *Taiwanese Artists 2—Chen Cheng-po*. In this issue, the artist's eldest son, Chen Tsung-kuang, personally wrote a four-page chronology of Chen Cheng-po's lifetime, which was already the most complete chronicle construction over the years.

Afterward, with the lifting of martial law in Taiwan and the staging of various themed and retrospective exhibitions, Chen Cheng-po's life history that had been shrouded and forgotten has gradually resurfaced. Among all the exhibitions, the two major events of the "Centennial Memorial Exhibition" and the "120th Birthday Anniversary Touring Exhibition", as well as the concurrent organizing of numerous academic seminars and the putting to order of various historical materials, has allowed a more vivid revelation of Chen Cheng-po's life footprints.

It should be stressed that the publication of this Chronicle relies not just on the sorting out of materials and staging of events as mentioned above. The most important source of information is the compilation, editing, and publishing of *Chen Cheng-po Corpus* (the *Corpus*) since 2012. The present volume, as the last one in the Corpus, aims at compiling, comparing, and poring over the contents of the previous 17 volumes to lay out the 53-year life of Chen Cheng-po down to the minutest details in terms of the year, month and even date. Among all the information, the most useful are the artist's sketches, which are not unlike his diaries, particularly those with the date, place, title, and notes jotted down.

We point out below, in the order of several life stages, some important revisions and contributions of the Chronicle.

I. From Birth to Before Studying Abroad (1895-1924)

1.First, the birthplace of Chen Cheng-po is now revised as "Chiayi County, Tainan Prefecture, Taiwan Province during the Qing Dynasty rule period". Previously, Chen's assertion in his curriculum vitae that his birthplace was "Chiayi Street, Xibao, Chiayi" was often cited, but that was his new household record during the Japanese occupation period. He was born on February 2, 1895, which was more than two months before the Treaty of Shimonoseki was signed between the Qing government and Japan on April 17. If we adopt as reference point the time when the respective representatives of the Qing and Japanese governments exchanged documents on the formal handover of Taiwan onboard a shop outside Keelung port on June 2, or when an official inauguration ceremony was held at the Office of the Governor-General on June 17, Chen's birthday was more than four months earlier. To a newborn, it did not matter whether it was two or four months—he would not comprehend much anyway. But, years later, an educated youth who was capable of cultural self-reflection would have to carry throughout his life the psychological stigma of being either "a person left behind from the previous regime" or "a colonized subject". That was why, after the war, he was glad to exclaim that he "was born in the former Qing Dynasty and would die under Han Nationals' rule". Unfortunately, his exclamation seemed a little too prescient: less than two years after Taiwan returned to its "fatherland", he became a ghost of one who died an unjust death in the 228 Incident.

2. The fact that our protagonist's father Chen Shou-yu died in 1909 is seldom noted in previous chronicles. Born in 1867, Chen Shou-yu was a Qing Dynasty "xiucai"—a scholar who had passed an entry-level examination to study at a college. In 1895, when Taiwan came under Japanese rule, he was at the prime age of 30. In view of the change in political situations, he opted to stick to traditional Chinese learning by being a tutor in a traditional private school while seeing to that Chen Cheng-po would read the classics. In adopting such a move, he might harbor the wish that his son would one day go to the mainland to sit for civil examinations for government degrees and embark on an official career. What he had not anticipated was that China stopped running its civil examinations in 1905. Such a backdrop would explain why the senior Chen had not let Chen Cheng-po receive modern education in a public school. It was not until 1907 that 13-year-old Chen Cheng-po entered public school as an over-aged pupil. Two years afterward, Chen Shou-yu passed away; two more years later, the 1911 Revolution broke out, the Manchu-led Qing dynasty collapsed and the Republic of China was founded.

3. On New Year's Day 1915, Chen Cheng-po began copying in Japanese the short essays of Japanese men of letters as well as practical writings in a notebook under the title *A Collection of Essays*. That year, he was 21 and already a second-year student enrolled in Course B of the Teacher Training Department at the Taiwan Governor-General's Office National Language School. Copying the short essays of Japanese littérateurs might be mandatory homework for students undergoing teacher training. But to Chen Cheng-po, who had become an artist later in life, rather than saying that it was his homework, it would be more accurate to say that he was learning, through the eyes of the litterateurs, on how to interpret objects and images, and discern the deeper meanings and significance behind appearances. Such a disposition naturally had led him to embark on an art journey similar to that of Van Gogh, the Dutch artist.

4. On March 25, 1917, Chen Cheng-po graduated from the National Language School. On March 31, he received an appointment letter to the post of instructor at Chiayi Public School, where he served as a lecturer in various seminars. By April 1, 1919, he was transferred to Chiayi First Public School and, at the end of that year (December 29), he was appointed as a tutor. On February 25, 1920, he qualified to be a tutor in Class C Taiwan public schools; on March 10, 1923, on completion of a course run

by the Taiwan Governor-General Tainan Teachers College, he qualified to be a tutor in Class B Taiwan public schools.

The current review of the *Chronicle* has resulted in a more complete clarification of the changes in Chen Cheng-po's teaching qualifications. Upon his graduation from the National Language School, Chen Cheng-po was already qualified as an instructor in public schools, but he might not necessarily receive any appointment from schools. More importantly, instructors were only teaching assistants and only tutors were bona fide teachers who were official civil servants entitled to put on epaulets and carry a samurai sword. Chen Cheng-po obtained his training as a tutor in Class B public schools from Tainan Teachers College, so he was not only an alumnus of the Taipei Teachers College (the National Language School in Taipei) but also an alumnus of the Tainan Teachers College.

Chen Cheng-po's teaching career in public schools drew to a close on March 11, 1924, through "voluntary resignation".

II. Studying in Japan (1924-1929)

1. The precise date on which Chen Cheng-po started studying in the Tokyo School of Fine Arts was April 5, 1924, when he was 30 years old. Other than oils, the works in that year he had left behind also included calligraphy, glue color paintings, and ink-wash paintings. This indicates that the art teacher training course had a broad spectrum of concern and its cultural deliberation was more diversified than that in a straightly Western painting course. This was why Chen Cheng-po's future art works were more replete with profound cultural self-consciousness and exploration than other Western-style painters of his generation who had also studied at the Tokyo School of Fine Arts.

2. In 1925, Chen Cheng-po knocked on the door of the Imperial Exhibition for the first time and was unsuccessful. In 1926, he tried again, and his *Outside Chiayi Street* was selected, making him the first Taiwan oil painter to be selected for the Imperial Exhibition. In the *Chronicle*, the related reports and reviews from that year were duly abstracted and curated.

3. On March 24, 1927, Chen Cheng-po graduated from the Art Teacher Training Department at the Tokyo School of Fine Arts and was qualified to teach art and handicraft in teachers colleges, middle schools, and girls' high schools. He then immediately enrolled in graduate studies in the Art Teacher Training Department. This rectifies the previous claim that he was enrolled in graduate studies in Western-style painting.

4. When he was studying in Japan, Chen Cheng-po had participated in several major Japanese exhibitions. The corresponding reports and reviews from the media were all compiled in chronological order to help future studies. In addition to the Imperial Exhibition in 1926, he had his works exhibited in 1927 in the 23rd Pacific Art Society exhibition, the 4th Kaiijū Club exhibition, the solo exhibitions respectively in the Taipei Museum (June 27-30) and in the Chiayi City Hall (July 8-10). In October that year, his painting *Summer Street Scene* was selected for the 8th Imperial Exhibition, while his *Imperial Household Museum* was selected for the inaugural Taiwan Art Exhibition (Taiwan Exhibition). In 1928, his works were on show variously in the 5th Hakujitsukai

Exhibition, the 3rd Western Painting Exhibition of the 1930 Association, the 5th Kaijū Club Exhibition, the 24th Pacific Art Society Exhibition, his solo exhibition at Xu Ying College in Xiamen (July 28-30) and the second Taiwan Exhibition. In 1929, he had participated in the 4th Hongo Art Exhibition and the 6th Kaijū Club Exhibition. In all, this was to him an important period of extensive learning and self-improvement through participation in exhibitions.

III. Shanghai Period (1929-1933)

This is a period that has been most often simplified and is therefore plagued with obscurity.

1.On March 24, Chen Cheng-po finished his graduate studies at the Art Teacher Training Department of the Tokyo School of Fine Arts. Soon afterward, his works, including *Early Spring*, *Lucid Water*, and *Afternoon at a Silk Mill*, were on exhibit at the inaugural China National Art Exhibition. From June 6 to October 9, his paintings *Clear Light on the Lake, Park on the Bund, Chinese Woman in Nude*, and *Hangzhou Tongjiang Bridge*, were gracing the West Lake Expo. He was then also an advisor at the Yiyuan Painting Research Institute.

2.On June 14, 1929, he was diagnosed with diphtheria and his conditions deteriorated so rapidly that he had to be hospitalized. Probably because of this, he had to abandon his plan to visit the art community in Beijing.

3.Apparently, Yiyuan Painting Research Institute, which Chen Cheng-po soon joined after he arrived in Shanghai, was an important networking platform for the art community in Shanghai in those days. In the entry under July 1929, the Chronicle mentioned the Art and Calligraphy Exhibition of Contemporary Masters and the farewell party in honor of Chang Dai-chien and Yu Jian-hua for their trip to Japan, etc, were all indications that Chen Cheng-po was a participant in these functions. In August of the same year, he was appointed professor of the Western Painting Department of the Shanghai Xinhua Art University (later renamed Xinhua Art College) along with Wang Di-lang.

4.Even though he was in Shanghai, Chen Cheng-po was still active in art functions in Taiwan and Japan. In the entry for the period August 31-September 3 in the Chronicle, there was a lot of reporting that his works were part of the exhibits in the inaugural exhibition of the Red Island Painting Society. On October 16, *Early Spring* was selected for the 10th Imperial Exhibition; on November 16, he entered his works to the 3rd Taiwan Exhibition on a review-exemption basis, and his *Late Autumn* was awarded the acclaim of being a "Special Selection".

5.In January 1930, he was recruited as head and professor of Western painting in the Art Education Department of Chang Ming Art School. Nevertheless, he was mentioned by many Taiwan media at that time as "head of the Western painting department of Shanghai Art School", which should be considered a simplification. But, in February 1931, he resigned from the post of department head at Xinhua Art College and was thinking of also resigning from the post of head of the Art Education Department at Chang Ming Art School. His intention was to remain just as an art teacher so that he had more time for painting and studying.

6.During his stay in Shanghai, Chen Cheng-po had returned to Taiwan several times. For example, during July and August 1930, in addition to hosting a solo exhibition at Taichung Public Hall, he also went to the eastern coast to paint the scenery of Tackili River (now called Liwu River) as commissioned by former Governor-General Kamiyama Mitsunoshin. This was the painting *East Taiwan Coastal Road* later rediscovered in the city library of Hofu, the hometown of Kamiyama. In this painting, in addition to adding two Ataya people as staffage in the foreground, the picture frame was also carved from boat wood used by the Dawu tribe. This not only reflects that Japan used to call Taiwan "Takasagun" and took Takasagozoku natives as representatives of Taiwan, but it also demonstrates that Chen Cheng-po was highly concerned with the culture of the indigenous people in Taiwan.

7.Another important function attended by Chen Cheng-po when he lived in Shanghai was his participation in the first executive meeting of the Jue Lan (Dike-breaking) Club at the Plum Garden Restaurant in Shanghai on September 23, 1931. Other participants in the meeting included Ni Yi-de, Pang Xun-qin, and Zhou Duo, among others. Jue Lan Club is later considered the first avant-garde art organization in China. In the meeting, they decided to adopt the name of "Jue Lan Club" and passed a resolution to hold an inaugural solo exhibition on New Year's Day 1932. The plan was only scrapped because of the Manchurian Incident (the 918 Incident) in Northeast China. On January 6, 1932, the second executive meeting was held, and Chen Cheng-po continued to participate. The painting exhibition was rescheduled to the middle of April. But, on January 28, the Japanese army invaded Shanghai, so the exhibition plan fell through again.

8.The whereabouts of Chen Cheng-po after the 128 Incident in Shanghai were also cleared up in more detail in the current version of the *Chronicle*. First, on the very day of the Incident, he brought his whole family to take refuge in the French Concession because Xinhua Art College was there. Afterward, his wife Chang Jie brought their children back to Taiwan first. On February 13, there were rumors from Taiwan media claiming that Chen Cheng-po fell to the sea and died in Shanghai. On the 17th, Chen Cheng -po asked a friend to bring a letter to Taiwan to tell his family he was safe in Shanghai. He also asked his family to send him money so that he could return to Taiwan himself. In the interim, he still stayed in Shanghai where he made sketches; it was not until June 15 that he returned to Taiwan. At the end of that year (in November), he went to Tokyo to visit the Imperial Exhibition. In January of the next year (1933), he went to Shanghai again. There, he left behind the painting *War Devastation (Front of the Commercial Press Building)* and, in March, he also took a photo with his friends at Xinhua Art College. In May, he went to do sketches in different places such as Hangzhou and Shaoxing in Zhejiang and Nantong, Langshan, and Tianshenggang in Jiangsu. On May 27, he returned to Shanghai. Two days later (May 29), he was already in Kobe, Japan. Then on May 31, he went to the Seto Inland Sea; on June 6, he went back to Taiwan. On October 3, his grandmother Lin Pao-chu died.

IV. Settling Down in Taiwan (1933-1947)

This was the most stable period in Chen Cheng-po's life. On returning to his home country, he set aside his pursuit of avant-gardism. Instead, he concentrated on depicting and portraying the localism of his native land, and spent much mental efforts in promoting art movement, particularly in the formation of art societies.

1.On November 12, 1934, he participated in the founding of Tai Yang Art Society, which later became the biggest non-governmental organization that promotes art in Taiwan. The *Chronicles* has compiled the related reports from the media of that time, from which one can have an idea of the reactions of the government and the public. The inaugural Tai Yang Art Exhibition was held on May 4-12, 1935 at the Taiwan Education Association Building in Taipei. Now that Chen Cheng-po was a master painter, his works had received extensive introductions and reviews, which were all compiled in the *Chronicle*.

2.On October 9, 1935, Chen Cheng-po became a member of the Chiayi main branch of the Taiwan Literature and Arts League (the "League"). Other members included Chang Hsin-Chien, the then manager of Central Bookstore. This demonstrates that Chen Cheng-po's activities on his returning Taiwan were not confined to the art sector; he also had frequent interactions with people from cultural circles. For example, on February 8, 1936, in a panel discussion on integrated arts staged by the League, he talked about his views on music and drama in Taiwan.

3.Taking a page from his father Chen Shou-yu, who appreciated the value of traditional Chinese studies, Chen Cheng-po also encouraged his children to practice Chinese calligraphy. On September 19-23, 1936, the Taiwan Calligraphy Society held its first calligraphy exhibition. His eldest daughter Zi-wei, second daughter Pi-nu, and his eldest son Tsung-kuang (who was only 10 years old then) were all selected for their formal style calligraphy.

4.Ever since settling down in Taiwan, Chen Cheng-po still went to Japan several times to watch the Imperial Exhibition or go painting from life. For example, on September 15, 1934, with sponsorship from Chang Lee Te-ho, a painter friend, he traveled to Tokyo to participate in the Imperial Exhibition and did some painting from life as well. On October 27, 1936, he went to Tokyo again and stayed in Lee Shin-chiao's place. There, he practiced painting in a private painting school in the mornings and evenings, and went out making life sketches in the afternoons. On September 23, 1939, only 20 days after her eldest daughter returned to visit her parents after getting married, he made another trip to Tokyo to make sketches. In early October 1941, there was information about his "returning to Taiwan from Tokyo", showing that he had again gone to Japan before that date, and that was to prepare for the Taiwan Governmental Fine Arts Exhibition (Governmental Exhibition). At that time, the war had come to a final stage, and Chen Cheng-po could not avoid donating his works to the Japanese Imperial Army to align with the trend to support the "sacred war".

5.This was the period in which Chen Cheng-po participated with his works most frequently in various exhibitions around Taiwan, particularly the Taiwan Exhibition and the Governmental Exhibition. The reviews these activities elicited were especially numerous: there were positive ones but there were also many negative ones. The *Chronicle* has collected all of these reviews without taking any stand so that we are privy to the fact that the artist's unusual style would often trigger arguments. Nevertheless, after almost a century, we can witness how critics and artists of that period stood firm in their viewpoints.

6. Chen Cheng-po's behaviors and related information upon the outbreak of the 228 Incident on February 28, 1947, was detailed in Volume 14 of the *Corpus*. Thanks to the sorting carried out by the late Chang Yen-hsien and Hsu Hsueh-chi, Dean of the Institute of Taiwan History, Academia Sinica, certain important extracts have been reproduced in the *Chronicle*.

The second half of the *Chronicle* is subtitled "Posthumous Events". It presents the circumstances under which Chen Cheng-po's works were exhibited and how related activities of the exhibitions were run after the artist's death. It covers events until one year before the *Chronicle* was published, which is also the year Mr. Chen Tsung-kuang, the artist's eldest son, passed away.

The publication of the *Chronicle* also signifies the completion of all 18 volumes of the *Chen Cheng-po Corpus*. As the editor-in-chief of the Corpus, I would like to pay my tribute to the Chen family. I also want to convey my deepest gratitude to all the researchers, translators, editors, and publishers, as well as the conservationists and providers of historical materials, the collectors of Chen Cheng-po's works and the funding sponsors for their valuable contributions.

The rebuilding of history is a historic project to be carried out by all citizens. The publication of the *Chen Cheng-po Corpus* provides an important foundation stone for history; it also provides eternal witness to how Chen Cheng-po enriched the history of Taiwan with his life. His life has now become an essential part of Taiwan's cultural history.

Chong-ray Hsiao *

＊Hsiao Chong-ray, editor-in-chief of *Chen Cheng-po Corpus*; Professor Emeritus of History, National Cheng Kung University.

凡例 Editorial Principles

· 本卷分為兩個部分：一、年譜；二、身後記事。

· 年譜：以編年的形式記述陳澄波生平事蹟。編輯時依日期排序；僅有月份之記事置於當月記事的最下方；僅有年代之記事置於當年記事的最下方。記事均以註釋或引文出處標示資料來源；而從畫作或照片上獲得之資訊則不加註釋。

· 身後記事：收錄陳澄波逝世後之相關記事，編輯規則與年譜相同，唯不用引文，僅以註釋標示資料來源。

· 書眉標示年代，方便讀者查閱。

· 對陳澄波生平有重大影響的歷史事件，以◆標示。

· 作品名稱統一以〔〕表示。

· 引文中出現之異體字，逕予改為正體字。

· 引文若有錯字，則於錯字後將正確字標示於（＿）中。

· 引文無法辨識之字，以□代之。

· 引文贅字以｛｝示之。

· 引文漏字以【＿】補之。

· 引文譯者皆以略稱附於文末，除出處有標譯文引用文獻外，其餘未標譯者即原文為漢文。譯者略稱如下：
李／李淑珠
顧／顧盼
蘇／蘇文淑
伊藤／伊藤由夏

年 譜
Chronicle

1895-1947

1895（光緒21年、明治28年）　1歲

· 2月2日，生於清領時期的臺灣省臺南府嘉義縣。[1]父親陳守愚（1867-1909）為秀才，常年在外擔任私塾教師；母親蕭謹（1869-1895）在陳澄波出生後不久逝世。之後，陳守愚再娶黃美，被送交乳母家寄養。[2]

父親陳守愚。

祖母林寶珠。

◆ 4月17日大清帝國與日本簽訂馬關條約，將臺灣、澎湖割讓給日本。6月2日首任臺灣總督樺山資紀與大清帝國代表李經方，在基隆外海的輪船上簽署《交接臺灣文據》。6月17日在臺北舉行總督府始政典禮，象徵日本在臺灣行使統治權的開始。臺灣進入日治時期。

1897（明治30年）　3歲

· 改由祖母林寶珠（1842-1933）撫養，祖母以販賣雜糧及花生油維生。[3]

1907（明治40年）　13歲

· 祖母老邁不能謀生，改由二叔陳錢（1875-1943）撫養。[4]
· 4月1日，就讀嘉義公學校（今嘉義市崇文國小）。[5]

1909（明治42年）　15歲

· 5月9日，父親陳守愚逝世。[6]

---

1. 參閱「履歷表（一）」，收入《陳澄波全集第六卷：個人史料（I）》頁85，2018.6，臺北：藝術家出版社。其中記載的出生地「嘉義廳嘉義西堡嘉義街土名西門外七三九番地」則是已進入日治時期之住址。
2. 謝里法〈學院中的素人畫家 陳澄波〉《雄獅美術》第106期，頁16-59，1979.12，臺北：雄獅美術月刊社。
3. 同上註。
4. 同上註。
5. 參閱「履歷表（一）」，收入《陳澄波全集第六卷：個人史料（I）》頁85。嘉義公學校創立於1898年，1919年改名嘉義第一公學校，1920年遷入垂楊路現址，1932年校名改為玉川公學校，1941年改名為玉川國民學校，1945年改名為嘉義市立崇文國民學校，1982年因嘉義市改制為省轄市，校名改為嘉義市崇文國民小學。
6. 參閱「戶籍謄本（二）」，收入《陳澄波全集第六卷：個人史料（I）》頁103。

1913（大正2年）　19歲

・3月28日，自嘉義公學校畢業。[7]

・4月22日，就讀臺灣總督府國語學校公學師範部乙科[8]，受水彩畫家石川欽一郎指導，開啟學習西洋美術的熱情。[9]

〔測候所〕為現存陳澄波最早的水彩作品。

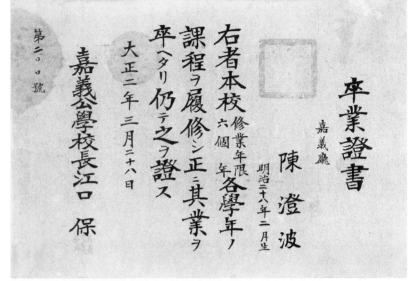

1913.3.28嘉義公學校畢業證書。

1914（大正3年）　20歲

・水彩〔測候所〕。

1915（大正4年）　21歲

・1月1日，開始以日文抄寫日本文學家之短文、應用文等文章，封面題為《作文集帳》（作文集帖）。

・5月16日，水彩〔山澗〕。

・9月5日，水彩〔臨摹〕。

・9月7日，水彩〔池邊小屋〕。

・10月17日，水彩〔神嘗祭〕。

・10月23日，水彩〔嘉義附近—湖仔內〕。

・水彩〔竹林下〕、〔水源地附近〕。

7. 參閱「1913.3.28嘉義公學校畢業證書」，收入《陳澄波全集第六卷：個人史料（I）》頁44。
8. 參閱「國語學校公學師範部乙科學籍資料登記表」，收入《陳澄波全集第六卷：個人史料（I）》頁61。
9. 陳重光〈我的父親陳澄波〉《臺灣美術家2　陳澄波》頁86-91，1979.12，臺北：雄師圖書公司。

1916（大正5年）　22歲

- 2月19日，水彩〔草山瀑布〕。
- 3月20日，水彩〔竹林間〕。
- 3月25日，水彩〔郊外散步〕。
- 3月26日，水彩〔村落〕。
- 3月27日，水彩〔母女郊遊〕。
- 3月28日，水彩〔竹與屋〕、〔農夫〕。
- 3月29日，水彩〔郊外〕。
- 3月30日，水彩〔台北東門〕、〔古亭庄芭蕉田〕。
- 4月2日，水彩〔京都渡月橋〕。
- 4月7日，水彩〔海邊〕。
- 4月16日，水彩〔古亭村牛奶屋〕。
- 4月17日，水彩〔遠望空中船〕。
- 5月8日，水彩〔白兵古蹟〕。
- 5月18日，水彩〔帆船〕。
- 5月24日，水彩〔遠望公賣局〕、〔博物館一隅〕。
- 5月28日，水彩〔野外的水牛〕。
- 6月6日，水彩〔宮燈〕。
- 6月19日，水彩〔酒瓶與高腳杯〕。

陳澄波就讀臺灣總督府國語學校公學師範部乙科時之個人照。

1917（大正6年）　23歲

- 3月25日，臺灣總督府國語學校公學師範部乙科畢業，並因在學期間全勤出席，而獲得全勤獎狀。[10]
- 3月31日，任嘉義公學校訓導。[11]
- 6月11日，任嘉義同風會夜學會講師。[12]
- 9月9日，因免費教導嘉義同風會夜學會學生國語（日語）之事，受到褒揚。

▲國語畢業典禮　嘉義同風會主辦的國語夜學會畢業典禮與入學典禮一併舉行。今年的畢業生近百名，並將頒發獎品給成績優異者以及學習勤奮者。另外，該夜學會不徵收任何會費，各種雜費也由該會本身自行負擔，尤其是一直以來分文不取、持續任教國語的

---

10. 參閱「1917.3.25臺灣總督府國語學校公學師範部乙科畢業證書」、「1917.3.25臺灣總督府國語學校在學全勤獎狀」，收入《陳澄波全集第六卷：個人史料（I）》頁41、53。
11. 參閱「1917.3.31嘉義公學校訓導任命書」，收入《陳澄波全集第六卷：個人史料（I）》頁66。
12. 參閱「1917.6.11嘉義同風會夜學會講師委任書」，收入《陳澄波全集第六卷：個人史料（I）》頁66。

嘉義公學校訓導張玉、林劍峰、林木根、陳澄波、陳漢江、蕭應潤、吳昭根諸氏的熱心協助，更足以成為典範。（李）

—〈地方近事　嘉義〉《臺灣日日新報》日刊3版，1917.9.9，臺北：臺灣日日新報社

1917年陳澄波臺灣總督府國語學校公學師範部乙科畢業時攝。

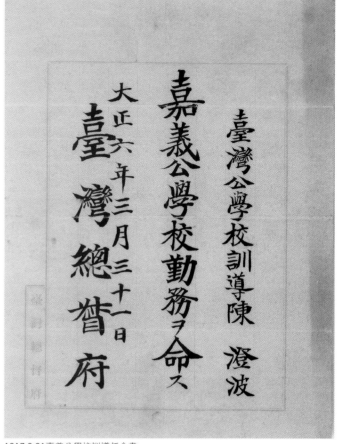

1917.3.31嘉義公學校訓導任命書。

1918（大正7年）　24歲

· 1月25日，擔任嘉義廳第二回地方學事講習會講師。[13]

· 2月5日，擔任嘉義廳直轄壯丁運動會競技委員。[14]

· 4月10日，與嘉義南門望族張濟美次女張捷（1899-1993）結婚。[15]

· 7月8-20日，講授修身、國語作文、圖畫課於阿緱、臺南、嘉義、澎湖四廳聯合學事講習會。[16]

· 11月1日，擔任嘉義廳第三回學事講習會現場教授指導。[17]

13. 參閱「1918.1.25嘉義廳第二回地方學事講習會講師任命書」，收入《陳澄波全集第六卷：個人史料（I）》頁67。
14. 參閱「1918.2.5嘉義廳直轄壯丁運動會競技委員委任書」，收入《陳澄波全集第六卷：個人史料（I）》頁67。
15. 參閱「1944.12.19戶籍謄本（三）」，收入《陳澄波全集第六卷：個人史料（I）》頁104-105。
16. 參閱「1918.7.20阿緱臺南嘉義澎湖四廳聯合學事講習會證書」，收入《陳澄波全集第六卷：個人史料（I）》頁45。
17. 參閱「1918.11.1 嘉義廳第三回學事講習會指導委任書」，收入《陳澄波全集第六卷：個人史料（I）》頁68。

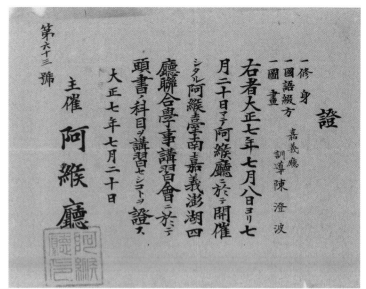

此八仙彩為張捷親手刺繡之嫁妝。

1918.7.20阿緱臺南嘉義澎湖四廳聯合學事講習會證書。

1919（大正8年）　25歲

- 4月1日，任嘉義第一公學校訓導。[18]
- 9月4日，長女紫薇（1919-1998）出生。[19]
- 12月29日，任嘉義第一公學校教諭。[20]

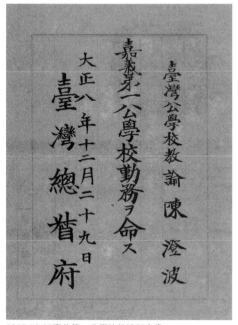

1919.12.29嘉義第一公學校教諭任命書。

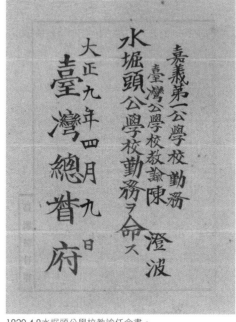

1920.4.9水堀頭公學校教諭任命書。

陳澄波遺存之大日本帝國第一回國勢調查徽章。

---

18. 參閱「1919.4.1嘉義第一公學校訓導任命書」，收入《陳澄波全集第六卷：個人史料（I）》頁68。
19. 參閱「1930.7.29外國護照授發申請書」，收入《陳澄波全集第六卷：個人史料（I）》頁81。
20. 參閱「1919.12.29嘉義第一公學校教諭任命書」，收入《陳澄波全集第六卷：個人史料（I）》頁69。

1920（大正9年）　26歲

- ・2月25日，取得丙種臺灣公學校教諭資格。[21]
- ・4月9日，轉任水堀頭公學校（今嘉義縣水上國小）。[22]
- ・8月5日，擔任臺灣國勢調查調查委員。[23]
- ・9月10日，擔任臺南州第百十一監督區第四調查區調查委員。[24]

1921（大正10年）　27歲

- ・7月5-16日，於臺南州開設的學事講習會講授圖畫體操課。[25]
- ・7月，水彩〔池塘〕、〔農舍與農夫〕、〔盆栽〕。
- ・8月，水彩〔台灣農家〕。
- ・10月，水彩〔公園〕。
- ・11月，水彩〔單騎之樂〕。
- ・水彩〔木材工廠〕、〔北回歸線立標〕（1921-1923）。

1921年水彩〔木材工廠〕。

1921年陳澄波赴臺南參加圖畫體操講習時，攜妻子與長女紫薇到臺南孔廟旅遊留影。

---

21. 參閱「1920.2.25臺灣公學校教員許可證（2）」，收入《陳澄波全集第六卷：個人史料（I）》頁46。
22. 參閱「1920.4.9水崛頭公學校教諭任命書」，收入《陳澄波全集第六卷：個人史料（I）》頁69。水崛頭公學校，因1921年水掘頭庄改名為水上庄，校名亦隨著改為「水上公學校」。
23. 參閱「1920.8.5臺灣國勢調查調查委員任命書」，收入《陳澄波全集第六卷：個人史料（I）》頁70。
24. 參閱「1920.9.10臺南州第百十一監督區第四調查區調查委員任命書」，收入《陳澄波全集第六卷：個人史料（I）》頁70。
25. 參閱「1921.7.16臺南州學事講習會證書（1）」，收入《陳澄波全集第六卷：個人史料（I）》頁46。

1922（大正11年）　28歲

・7月4-5日，於水上公學校湖子內分校教室舉辦「副業品評會」。

　　副業品評　水上庄湖子內，戶數三百餘，為殷實農村，村中田園，得將軍圳灌漑，水利甚溥，居民綽有餘裕，婦女子之裁縫刺繡不讓市街，其他草鞋、草索、竹笠、麻繩之編製，極盛。自上年該地區設置公學校分離教室，及夜學會以來，主任教師陳澄波氏，對於家庭副業，極力獎勵，月之四、五兩日，開副業品評會於該教室，出品人數七十三名，一百七十一點，成績佳良。惜乎裁縫、刺繡之出品，多涉專門的，四日午後一時，開發會式。藤黑庶務課長，臨場觀禮，訓示中力為提倡鼓吹云。

─〈諸羅特訊〉《臺灣日日新報》日刊6版，1922.11.7，臺北：臺灣日日新報社

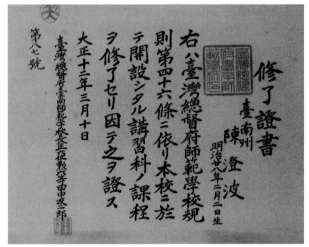

約1920-1923年陳澄波（右立者）在水堀頭公學校湖子內分校任教時，指導學生寫生。　　1923.3.10臺南師範學校講習課程結業證書。

・7月10-23日，於臺南州開設的學事講習會講授修身課、音樂課、教育課、體操課。[26]

1923（大正12年）　29歲

・3月10日，完成臺灣總督府臺南師範學校開設的講習課程，並取得乙種臺灣公學校教諭資格。[27]

・7月14日，完成嘉義郡開設的年度教員講習會圖畫課與體操課之研習。[28]

・7月，以漢文投稿彰化崇文社第67期徵文，並獲得第六名。[29]

　　同社第三（六）十七期之男女學生風紀宜肅，服裝宜正論，經蔡維潛氏評選，十名內姓氏如左[30]。

---

26. 參閱「1922.7.23臺南州學事講習會證書（2）」，收入《陳澄波全集第六卷：個人史料（I）》頁47。

27. 參閱「1923.3.10臺南師範學校講習課程結業證書」、「1923.3.10臺灣公學校教員許可證（3）」，收入《陳澄波全集第六卷：個人史料（I）》頁47、48。

28. 參閱「1923.7.14嘉義郡教員講習會結業證書」，收入《陳澄波全集第六卷：個人史料（I）》頁48。

29. 參閱黃臥松編輯《崇文社文集》1928，彰化郡：崇文社。

30. 原文為直式，由右至左排列。

第一名清水王則修，第二名海外逸老，第三名新豐吳蔭培，第四名馬興竹園生，第五名鹿港陳材洋，第六名嘉義陳澄波，第七名聽濤山房主人，第八名臺北田湛波，第九名臺北陳義堦，第十名澎湖許文圖。

—〈崇文社課題揭曉〉《臺灣日日新報》日刊6版，1923.8.16，臺北：臺灣日日新報社

1924（大正13年）　30歲

・3月11日，依願退職。[31]
・4月5日，就讀東京美術學校圖畫師範科。夜間並在本鄉繪畫研究所進修素描。[32]
・4月20日，次女碧女（1924-1995）出生。[33]
・4月，膠彩〔野生杜鵑〕。
・6月，油畫〔靜物〕。
・8月，油畫〔北回歸線地標〕。
・油畫〔荒城〕。
・創作多張書法、膠彩與水墨作品。

〔靜物〕為現存陳澄波最早之油畫作品。

1924年陳澄波（中坐者）赴東京留學前與水堀頭公學校湖子內分校教職員合照。

〔北回歸線地標〕為現存陳澄波最早之風景油畫。

---

31. 參閱「1924.3.11免官證明書」，收入《陳澄波全集第六卷：個人史料（I）》頁49。
32. 參閱1.「履歷表（二）」，收入《陳澄波全集第六卷：個人史料（I）》頁87-88；2. 林玉山〈與陳澄波先生交遊之回憶〉《雄獅美術》第106期，頁60-65，1979.12，臺北：雄獅美術月刊社。
33. 參閱「1930.7.29外國護照授發申請書」，收入《陳澄波全集第六卷：個人史料（I）》頁81。

1925（大正14年） 31歲

- 3月，油畫〔街道〕。
- 6月21日-7月10日，〔南國の夕陽〕（南國的夕陽）入選第二回白日會展覽會於竹之台陳列館。[34]
- 8月1-2日，下午七點嘉義留學生舉辦嘉義學生演講會於嘉義公會堂，陳澄波之講題為「藝術與社會」。

（二）嘉義學生演講會

　　嘉義學生演講會，係由嘉義廳下留學海外之學生所組織，亦於八月一、二兩日下午七時假座嘉義公會堂開會，是日及至黃昏聽眾接踵齊到，場內雖無立錐之地，而秩序井然，第一日定刻首由王甘棠氏致開會辭，次則講演「人生之意義」黃三朋氏，「容至微細動物」陳宗惠氏，「君子重言行」莊伯容氏，「貧」吳春霖氏，「想片」黃逢時氏，「怎麼到海外」陳均氏，「藝術與社會」陳澄波氏，「南洋一瞥」林其（淇）漳氏，「習慣之迷信」鄭石為氏，後由洪永氏述閉會辭而散，時已拾壹句鐘矣。

　　翌日將及開會時刻，竟承當局之好意，特派臨監及警官壹貳拾名到會場，各入口均置貳名，其餘分置會場之內外，據其辭謂聽眾甚多，恐有擾亂秩序，故派來取締云云。是日定刻首由林圳溢氏致開會辭，忽被中止，則由陳澄波氏介紹講演「社會之衛生」王甘棠氏，「報紙」王鐘（鍾）麟氏，「人類愛及滅亡」劉傳明氏亦被中止，「和漢和洋御料理」林玉土氏，「廿感」林基（淇）漳氏再受中止。上述三氏之被中止俱在演講中。

　——〈嘉義之近況〉《臺灣民報》第71號，頁12-13，1925.9.20，

東京：株式會社臺灣雜誌社

- 秋，油畫〔屏椅立姿裸女〕。
- 10月30日，水彩〔裸女倚椅立姿〕。
- 10-12月，創作多張裸女速寫。
- 12月13日，東京日比谷公園速寫。
- 第一次送件參展第六回日本帝國美術院美術展覽會（以下簡稱「帝展」），卻不幸落選。

1925年陳澄波就讀東京美術學校時期之照片。

1925年油畫〔屏椅立姿裸女〕。

34.〈白日會第二回美術展覽會出品目錄〉，收入青木茂監修、東京文化財研究所編纂《近代日本　アート・カタログ・コレクション　052　白日会　第1卷》折頁，2003.5.23，東京：株式会社ゆまに書房。

君為臺灣嘉義街人，大正二年入臺北師範學校[35]，十三年上京，入東京美術學校高等師範部（圖畫師範科）研究，現為三年生。十日夜，因不知其所出品之畫幅，能否入選，頗為懸念，曾至美術館揭示場觀望數次，及聞入選，非常雀躍。據言昨年亦曾出品，然竟落選，故本年仍不敢必其獲售也，今得當選實出意外。

　　──〈本島出身之學生　洋畫入選於帝展　現在美術學校肄業之　嘉義街陳澄波君〉出處不詳，1926.10.12

・創作多張炭筆素描。
・油畫〔坐椅轉身裸女〕。

1926（大正15年、昭和元年）　32歲

・1月，油畫〔溪畔村落〕。
・2月，膠彩〔寒冬〕。
・5月16日，奈良法隆寺速寫。
・5月17日，奈良公園速寫。
・5月21日，京都宇治川速寫。
・5月，油畫〔裸女坐姿側右〕。
・6月，油畫〔雙辮裸女〕。
・7月3-15日，〔南國の川原〕（南國的川原）、〔南國の平和〕（南國的平和）入選第三回白日會展覽會於東京府美術館。[36]
・7月5日，開始製作參展第七回帝展之油畫〔嘉義の町はづれ〕（現名〔嘉義街外（一）〕）。

1926年膠彩〔寒冬〕。

1926.5.16繪製之奈良法隆寺速寫。

---

35. 陳澄波大正二年（1913）就讀臺灣總督府國語學校公學師範部乙科，該校於1919年改名為臺北師範學校。之後所引用的數張剪報資料均是寫「臺北師範學校」。
36. 〈第三回白日會展覽會出品目錄〉，收入青木茂監修、東京文化財研究所編纂《近代日本　アート・カタログ・コレクション　052　白日会　第1巻》頁13-29，2003.5.23，東京：株式会社ゆまに書房。

〔嘉義街外（一）〕入選1926年日本第七回帝展。

1926.10.10陳澄波第一次入選帝展，在畫室接受
報社記者訪問時所攝。

臺灣的陳君

新入選的特殊人物，其中一人是臺灣出生的陳澄波（三十二）君，大正二年在臺北師範就讀圖畫
科是最早的開端，大正十三年到東京考上美術學校，現在在師範科攻讀三年級；入選作品是〔嘉
義街外〕，據說畫的是其故鄉，陳君非常開心地說：「畫這幅畫是想要介紹南國的故鄉，從七月
五日開始製作，大約花了一個月完成」。（李）

—〈入選の喜び（入選之喜）〉《報知新聞》第2版，1926.10.11，東京：報知新聞社

· 9月25日，油畫〔背向坐姿裸女〕。
· 9月29日，開始隨堂筆記武田信一老師之上課內容。[37]
· 9月，油畫〔上野公園（一）〕。
· 10月9日，油畫〔裸女靜思〕。
· 10月16日-11月20日，〔嘉義の町はづれ〕（現名〔嘉義街外（一）〕）入選第七回帝展於東
  京府美術館。

這回入選中唯一的異色，是臺灣人的陳澄波（三二）君。入選畫題為〔嘉義街外〕，「這張畫能
入選，實在很高興」，陳君以流利的內地語說：「我出生在嘉義這個地方，將此地藝術化，並嘗
試出品帝展看看，是我一直以來的願望」。陳君目前是美校師範科三年級在校生。畫畫是從臺北
師範在校期間開始的，大正十三年來東京，在下谷車坂町與妻子、兩個小孩同住。[38]（李）

—〈生れた街を 藝術化して 臺灣人陳澄波君（將出生之地予以藝術化 臺灣人陳澄波君）〉

《讀賣新聞》朝刊3版，1926.10.11，東京：讀賣新聞社

---

37. 參閱陳澄波1926年所寫之筆記本《哲學》。
38. 此處報導有誤，陳澄波當時是隻身赴日留學，妻兒都留在嘉義。

臺灣的人

陳澄波氏

以作品〔嘉義街外〕入選的美校師範科三年級的臺灣人陳澄波（三十二）君也是有特色者之一。畢業於原來的臺灣總督府國語學校，歷經八年的教員生活之後，因為喜歡繪畫創作，於大正十三年遠赴東京求學。除了學校課程之外，也到岡田三郎助氏的本鄉研究所加強畫技。才第二次送件帝展，就榜上有名。（李）

　　　—〈新顏が多い　帝展の洋畫　女流畫家も萬々歲　百五十四點の入選發表（新臉孔多　帝展的西洋畫
　　　　　　　　女性畫家也欣喜若狂　一百五十四件的入選公布）〉出處不詳，約1926.10

帝展洋畫部，搬入總數二千二百八十三點，內百五十四點，決定入選，十日夜發表。本年度比例年，新入選者多，其內臺灣人陳澄波君，以〔嘉義町外〕出品，新得入選之榮，殊可為全臺灣人喜者。君生於臺灣嘉義街，大正二年，入學於臺北師範學校，同十三年上京，入學於東京美術學校之高等師範部（圖畫師範科），目下三年生。十日夜，深憂入選與否，密赴美術館揭示場，見已入選，雀躍不騰。君云，昨年亦曾出品不幸落選，今年亦頗自危，託庇當選。觀今寓下谷車坂，故鄉有妻子三人在，以流暢內地語問答。（東京十日發）

　　　—〈本島人畫家名譽　洋畫嘉義町外入選〉《臺灣日日新報》夕刊4版，1926.10.12，臺北：臺灣日日新報社

【嘉義電話】記者登門拜訪榮獲帝展入選的西畫家陳澄波氏在嘉義西門街的自宅，向陳家道賀。賢淑美麗的夫人如是說：外子在大正七（六）年臺北師範學校畢業後，就到嘉義第一公學校[39]等校任教。大正十二年度[40]，考進東京美術學校就讀，預定明年春天畢業。聽說他從小就非常喜歡畫圖，擔任公學校教員時也不停地在畫。沒想到居然能入選帝展，我想他一定非常高興。等等。（李）

　　　—〈入選と聞き　喜び溢れる　陳澄波夫人（聽到入選　滿心喜悅的　陳澄波夫人）〉
　　　　　　　　《臺灣日日新報》日刊5版，1926.10.12，臺北：臺灣日日新報社

那幅畫是今年夏天陳君回臺時畫的，畫好後拿來我這裡請我批評，尺寸大約四十號，感覺像是一幅極為細緻的明代繪畫，但卻是用油畫顏料畫的，而因為陳君在臺北師範學校時就喜歡畫得很細碎，所以這應該是陳君的性格使然。構圖也非選取特別美麗的場景，而是偏狹的郊外一角這種平凡場景，就位置來說既無特色，在畫法上也嫌繁瑣，但我認為對後生晚輩而言，最重要的莫過於以稚拙的筆來畫畫，而其色彩上也有不足之處，便提醒了他這一點，陳君則表示將予以修改。也就是說，那幅毫無特色可言的畫，其實是將陳君的性格作為其特色予以呈現。不流於認真努力的模仿，而是專心畫自己的畫，比起只會玩弄技巧的畫，結果更能表現出強而有力的特色，審查員果然是明眼之人。我一直都覺得，究竟在臺灣所畫的油畫，似乎大多都不太在意筆觸的粗細，在法國（France）那邊也有不少這種使用粗筆觸的畫，但往往容易過於粗糙，一不小心就會出現只憑手的勞動就完成

---

39. 嘉義第一公學校原名嘉義公學校，1919年改名為嘉義第一公學校。
40. 陳澄波考進東京美術學校的時間是大正十三年（1924年）。

一幅畫的習慣，必須時時警戒才好。陳君未曾感染那種時代的流行，單純地畫著自己的畫，而且誠懇努力的痕跡也歷然在畫面中呈現，實在值得全力推崇。在此感謝陳君替本島人洋畫家揚眉吐氣。（李）

—欽一盧〈陳澄波君の入選畫に就いて（談陳澄波君的入選畫）〉《臺灣日日新報》夕刊3版，
1926.10.15，臺北：臺灣日日新報社

本年度帝國美術展覽會，已於十月十六日正式開幕，據各部審查員之談話，本年作品，較之去年，有顯著之進展，從前之極端的寫實主義，本年已一變而為作者主觀的表現，為極可喜之現象，出品中計日本畫一百九十一點，西洋畫一百五十四點，彫刻八十點之多，此外尚有無鑑查出品日本畫三十八點，洋畫五十五點，彫刻二十三點，致會場有嫌小不敷陳列之慨。

本年審查上有足注意之點，即一人一點主義是也，往年帝展一人入選兩點者，占全數百分之二十五者，今年已減至百分之十五，足徵一般藝術家，已有努力於實質之傾向。

閨秀畫家入選者有日本畫五人，洋畫八人之多，日本畫生田女史之〔天神祭〕及洋畫有馬女史之〔花壺〕，且列入特選，聞女子入選特選者，自有帝展以來，以二女史為最初云。此外又有台灣之陳澄波君，朝鮮人之金復鎮君，亦均入選，為大會放一異彩。吾華學生，在日學習藝術者不少，乃竟無一人出品，殊可嘆也。

—〈日本帝國美術展覽會紀〉《申報》第5版，1926.10.25，上海：申報館

其次是陳澄波的〔嘉義街外〕、橘作次郎的〔觀看共樂園〕、齋藤大的〔窗〕、松本金三郎的〔停船場〕、三宅圓平的〔大島〕等作品，筆力雖仍未見應有的氣勢，但可看到忠實觀察外界光景的努力。只要表現出這樣的觀察，作品都會因為畫家人格中的某樣特質而帶有特色。這些畫每幅都呈現素樸的畫面。（李）

—井汲清治〈帝展洋畫の印象（二）（帝展西畫的印象（二））〉《讀賣新聞》第4版，1926.10.29，
東京：讀賣新聞社

〔嘉義街外〕陳澄波氏
「我知道這個畫家，是臺灣人。」
「我覺得很有趣。」
「我覺得色彩有點晦暗，不夠明快。」
「整體氛圍還蠻純真無邪的，很好懂。」（李）

—槐樹社會員〈帝展談話會〉《美術新論》第1卷第1號（帝展號），頁124，1926.11.1，東京：美術新論社

・晚秋，油畫〔秋之博物館（一）〕。
・11月，油畫〔搭肩裸女〕、〔遠望淺草〕。
・冬，油畫〔博物館〕。

・12月14日，長男重光（1926-2020）出生。[41]

・12月19日，返臺。

・12月26或27日，抵達臺北。

> 林君，好久不見。對了，那件事怎麼樣了？別來無恙，你正在努力不懈吧？我十九日因家裡有事必須回去一趟，那件事我們再慢慢聊好嗎？林桑！請幫我跟周元助君打一聲招呼，我抵達臺北的時間大概是二十六或二十七日，再見！
>
> 下谷區上車坂町13
>
> 陳仔（李）
>
> ——1926.12.8陳澄波致林玉山明信片

・12月，油畫〔坐姿冥想裸女〕。

・油畫〔東京美術學校〕、〔日本橋風景（一）〕。

・創作多張書法、膠彩、炭筆素描與裸女速寫。

1927（昭和2年）　　33歲

・2月12-27日，〔雪景〕、〔媽祖廟〕入選太平洋畫會第二十三回展於東京府美術館。[42]

> 陳澄波氏的〔雪景〕及〔媽（媽）祖廟〕，皆以笨拙的筆觸毫無顧忌的描繪，其純情可佩。（李）
>
> ——池田永治〈大（太）平洋畫會展覽會〉《Atelier》第4卷第3號，頁75，1927.3，東京：アトリヱ社；
>
> 譯文引自李淑珠《表現出時代的「Something」——陳澄波繪畫考》頁157，2012.5，
>
> 臺北：典藏藝術家庭股份有限公司、財團法人陳澄波文化基金會

> 一般參展者大多為新海覺雄、小田島茂、矢部進等二科會所青睞的畫作，栗原信、塚本茂等則對陳澄波純樸的畫風賦予高度好評。
>
> ——奧瀨英三〈第二十三回太平洋畫會展覽會漫評〉《美術新論》第2卷第3號，頁105-110，1927.3.1，
>
> 東京：美術新論社；譯文引自吳孟晉〈陳澄波與一九二〇年代的日本西畫壇〉《陳澄波專題研究》頁1-18，
>
> 2014.1.18，臺南：臺南市政府

・3月11-31日，〔嘉義公會堂〕入選第八回中央美術展覽會於東京府美術館。[43]

> 第四室，…（中略）…。陳澄波的〔嘉義公會堂〕完整展現了他技術上的進步。
>
> ——北川一雄〈第八回中央美術展評〉《Atelier》第4卷第4號，1927.4，東京：アトリヱ社；譯文引自吳孟晉
>
> 〈陳澄波與一九二〇年代的日本西畫壇〉《陳澄波專題研究》頁1-18，2014.1.18，臺南：臺南市政府

---

41. 參閱「1930.7.29外國護照授發申請書」，收入《陳澄波全集第六卷：個人史料（I）》頁81。
42. 參閱1.〈第二十三回太平洋畫會展覽會出品目錄〉，收入青木茂監修、東京文化財研究所編纂《近代日本　アート・カタログ・コレクション　011　太平洋畫會　第3卷》頁199-244，2001.5.25，東京：株式会社ゆまに書房。2.https://www.taiheiyobijutu.or.jp/history。2021年12月15日檢索。
43. 〈中央美術展／第八回展〉，收入独立行政法人文化財研究所、東京文化財研究所編《大正期美術展覧会出品目録》頁395-398，2002.6.30，東京：中央公論美術出版。

・3月24日，自東京美術學校圖畫師範科畢業，並取得師範學校、中學校、高等女學校圖畫手工科教師資格證。之後進入圖畫師範科研究科繼續學業。[44]

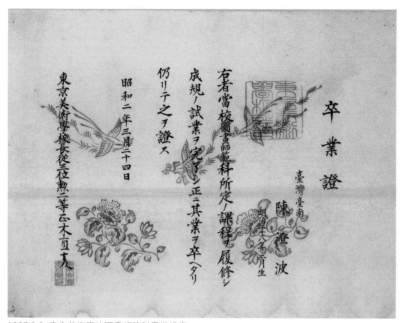

1927.3.24東京美術學校圖畫師範科畢業證書。

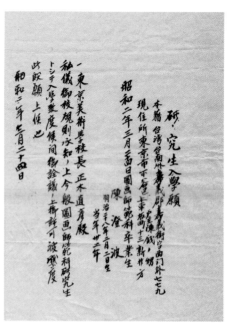

1927.3.24研究生入學申請書。

・3月30日-4月14日，〔秋ノ博物館〕（現名〔秋之博物館（二）〕）、〔遠望ノ淺草方面〕（遠望淺草）入選第四回槐樹社展覽會於東京府美術館。[45]

陳澄波的筆觸說明要素過多且累贅。

　　─宗像生〈第四回槐樹社展評〉《美之國》第3卷第4號，1927.4，東京：美之國社；譯文引自吳孟晉〈陳澄波與一九二〇年代的日本西畫壇〉《陳澄波專題研究》頁1-18，2014.1.18，臺南：臺南市政府

陳澄波的兩個作品都是物象說明要素過多且累贅。

　　─北川一雄〈第四回槐樹社展所感〉《Atelier》第4卷第5號，1927.5，東京：アトリヱ社；譯文引自吳孟晉〈陳澄波與一九二〇年代的日本西畫壇〉《陳澄波專題研究》頁1-18，2014.1.18，臺南：臺南市政府

陳澄波（秋之博物館、遠望淺草）

田邊：儘管與村田的表現形態不同，但從畫面中同樣也感受到親切與天真無邪。

奧瀨：非刻意的生澀畫法傳達出的純樸氛圍令人讚賞。

　　─金澤重治、金井文彥、吉村芳松、田邊至、奧瀨英三、牧野虎雄〈槐樹社展覽會合評〉《美術新論》第2卷第5號，頁38-58，1927.5.1，東京：美術新論社；譯文引自吳孟晉〈陳澄波與一九二〇年代的日本西畫壇〉《陳澄波專題研究》頁1-18，2014.1.18，臺南：臺南市政府

---

44. 參閱「1927.3.24東京美術學校圖畫師範科畢業證書」、「1927.3.24師範學校、中學校、高等女學校圖畫手工科教員許可證」、「1927.3.24研究生入學申請書」，收入《陳澄波全集第六卷：個人史料（I）》頁49、50、78。
45. 參閱陳澄波自藏《第四回槐樹社展覽會目錄》1927.3.30-4.14。

入選1927年第四回槐樹社展的〔秋之博物館（二）〕。

1927.4.11繪製之東京帝室博物館速寫。

臺灣畫家陳澄波有相當風趣之處，例如純樸、細膩，正如〔秋之博物館〕般有著引人注目的地方。他的作品已達到具備準確表現力及充分掌握的境界。

　　　　—鶴田吾郎〈槐樹社展覽會評〉《中央美術》第13卷第5號，1927.5，東京：中央美術社；譯文引自吳孟晉

〈陳澄波與一九二〇年代的日本西畫壇〉《陳澄波專題研究》頁1-18，2014.1.18，臺南：臺南市政府

第三室…（中略）…〔秋之博物館〕、〔遠望淺草〕這位畫家的用色精彩。

　　　　—稅所篤二〈第四回槐樹社展〉《みづゑ》第267號，1927.5，東京：春鳥會；譯文引自吳孟晉〈陳澄波與

一九二〇年代的日本西畫壇〉《陳澄波專題研究》頁1-18，2014.1.18，臺南：臺南市政府

- 4月3-15日，〔秋の表慶館〕（秋之表慶館）、〔雪の町〕（雪之町）入選第四回白日會展覽會於東京府美術館。[46]
- 4月3日，東京大森海岸速寫。
- 4月11日，東京帝室博物館速寫。
- 4月20日，炭筆素描〔坐姿裸女素描-27.4.20（21）〕、人物速寫於本鄉研究所。
- 4月21日，東京中野馬匹速寫。
- 4月27日，東京中野風景速寫。
- 6月4日，返臺。

　　　於去年，本島人以油繪最初入選帝展之陳澄波君，搭去四日入港便輪回臺。君此番回臺目的，其一為欲在臺北及故鄉嘉義，開個人展。臺北展覽場所，經決定新公園博物館，初訂開於本月來二十四、二十五、二十六，三日間。其後有告以是承臺北納涼展覽會後，恐一般人氣疲倦，

46.〈第四回白日會美術展覽會出品目錄〉，收入青木茂監修、東京文化財研究所編纂《近代日本　アート・カタログ・コレクション　052　白日会　第1卷》折頁，2003.5.23，東京：株式会社ゆまに書房。

遂改訂來七月初一、初二、初三[47]三日間。其所欲出品點數，約有六十左右點，洋畫為主，外雜極少數之日本畫、素描、水彩畫等各一、二點。

　　按本島人之入選帝展，以彫刻部之黃土水君，與君僅二。兩君之體格，皆同一小型，然眉目間，各具有一種精悍之氣，而對於藝術上，又皆富天才與興味，故能努力不倦，以成功名，可謂奇矣。

　　黃土水君，每自嘆人之稱我為天才者，實則不過為一種天災，以言藝術家之慘憺（澹）經營，要行常人所難行者，用心之苦，幾於寢食俱廢，有舉其言以叩陳君，陳君亦首領之，不覺表現戚然之色。據云有時腕不從心，幾於欲將繪畫之器械擊碎。君於去（今）年畢業，現尚繼續在美術學校研究。而臺北方面，則有張秋海君，亦號稱能手，受世人將來入選矚目。臺灣大自然，夙有美麗之稱，故西人顏（言）臺灣為美麗島，勿論陳君入選作品，固取材於臺灣大自然，其力量如何，姑秘不宣，容再過三週間後，與同好之士，共上博物館，縱覽而鑑賞之也。

—〈無腔笛〉《臺灣日日新報》夕刊4版，1927.6.9，臺北：臺灣日日新報社

- 6月25日，水彩〔窗前裸女〕。
- 6月27-30日，個展於臺灣總督府博物館，展出油畫〔嘉義町外〕（現名〔嘉義街外（一）〕）、〔南國川原〕、〔秋之博物館〕、〔美校花園〕、〔西洋館〕、〔初雪上野〕、〔朱子舊跡〕、〔鼓浪嶼〕、〔郊外〕、〔伊豆風景〕、〔雪街〕、〔黎明圖〕、〔潮干狩〕、〔紅葉〕、〔須磨湖水港〕、〔觀櫻花〕、〔丸之內〕、〔池畔〕、〔雪之町〕；水彩畫〔水邊〕；日本畫〔秋思〕等作品。

1927年水彩〔窗前裸女〕。

居住在嘉義西門外的陳澄波氏，數年前遊學東都，目前在東京美術學校求學，專心油畫的研究。這次為了製作帝展出品畫回臺，便趁這個機會透過支持者的援助，陳氏的個人展將於二十七日、二十八日、二十九日三天在博物館樓上舉辦，歡迎批評指教。（李）

—〈陳澄波氏個展　博物館に開催（陳澄波氏個展　於博物館舉辦）〉《臺灣日日新報》日刊2版，1927.6.26，

臺北：臺灣日日新報社

東京美術學校在學中的陳澄波氏，如之前的報導，正在博物館舉辦個人展，尤其是色彩或是構圖方面，本島人特有的著眼點，有很多有趣之處，特別是紅色的處理，可以發現畫家非常的謹慎。在眾多作品之中，〔西洋館〕、〔丸之內〕、〔池畔〕、〔雪之町〕等，均堪稱佳作。我希望，

---

47. 展覽最後舉辦之日期為6月27-30日。參閱1.〈陳澄波氏個展　博物館に開催（陳澄波氏個展　於博物館舉辦）〉《臺灣日日新報》日刊2版，1927.6.26，臺北：臺灣日日新報社；2.〈墨瀋餘潤〉《臺灣日日新報》日刊4版，1927.6.29，臺北：臺灣日日新報社。

無論畫是巧是拙，像這樣認真的繪畫展，偶爾能夠舉辦。（水馬）（李）

—國島水馬〈陳氏個人展　博物館に開催中（陳氏個人展　於博物館舉辦中）〉《臺灣日日新報》夕刊2版，

1927.6.29，臺北：臺灣日日新報社

在博物館西洋畫陳列中之嘉義陳澄波君個展□□決定延期至本月末日，歡迎一般往觀。

—〈墨瀋餘潤〉《臺灣日日新報》日刊4版，1927.6.29，臺北：臺灣日日新報社

現在在博物館展陳的陳澄波君畫作，其特色在於陳君畫的是自己的畫。畫家要畫技巧好的畫並不會很難，但要畫自己的畫卻不那麼容易。陳氏正在美校就讀，去年秋天便已入選帝展，替本島人畫家揚眉吐氣，但這與其說是因為他技巧好，不如說是因為他畫自己的畫。陳氏也入選了今年春天的大（太）平洋畫會、白日會、春陽會等等，其之所以入選，理由也都是如此。（中略）我認識的美術學校教授的某位大師，也曾告誡弟子，畫畫太多時是畫不出好畫的，想要畫出好畫就不要畫那麼多。這聽起來似乎是在抑制學習，但其實並非如此，真正的學習是為了要畫出自己的畫，自己教導自己應如何具備此能力。陳澄波君因其素質而畫自己的畫，簡直就是天才，值得慶賀！在今日，尤其是在日本繪畫界流行的頗具影響力的潮流，即，不畫得巧而是故意畫得很拙劣，這樣的畫在畫壇頗受歡迎。當然，這並非畫的全部，也並非憑依人的性格就能行得通，但陳君的話，在這一點上也受到了眷顧，說明白一點，就是陳君的是稚拙的畫，不是很有技巧也不太有霸氣，而這正是陳氏特有的優點，使其能從青年畫家之間脫穎而出、拔得頭籌。許多畫家寫信告訴我：在東京的展覽會上，陳君的畫都非常亮眼。對此，我並不覺得特別訝異，因為像陳君這樣的畫，並非現在那些滿懷衝勁的青年畫家所能畫得出來的。陳君目前正在製作參加今年秋天帝展的作品，也很擔心結果。我想建議他不必計較結果是入選或落選，只要專心畫自己的畫就好，倘若因此而未獲入選也無所謂。（李）

—欽一廬〈自分の繪を描く　陳澄波氏の繪（畫自己的畫　陳澄波氏的畫）〉《臺灣日日新報》日刊5版，

1927.6.29，臺北：臺灣日日新報社

連日開於臺北博物館內之陳澄波君個人展，以本日為最終日。洋畫即君於去年入選帝展之〔嘉義町外〕，及〔南國川原〕二大作外，許多作品，凡五十七點。大體君之特長，用案設色，頗有斷行之處。閱其技巧，又足以相副，故能表現作者對於自然心地，靈□而美化之。入選之作，狀臺灣常綠樹，葉蕭蕭然迴風送響，兩側數株枯樹槎枒，固用南畫所謂鹿角法也。〔南國川原〕，亦稍帶南畫渲染筆法，自□一種雄渾闊大景象，不必描寫高山峻嶺之□□穹漢。

他如〔初雪上野〕，雪中銅像，用色鮮麗，亦與尋常洋畫家有異。〔秋之表慶館〕以輕輕地，心手相湊，所謂形與神相托而相忘也。

〔朱子舊跡〕及〔鼓浪嶼〕、〔黎明〕等，則描寫對岸風景，筆法又變，簡淨□要，聞前二點，為□君得意之作將留傳己家；後者現出海色微茫，曉日欲上，欸乃一聲山水綠之慨。

昔東坡嘗云，作詩必此詩，定知非詩人，作畫必此畫，見與兒童鄰。是故文人派之作畫，不汲汲以求真，而其真在，不營營以求理，而其理寓，彼坡翁之寫朱竹，所謂興會標舉，今人稱為氣分，故不更論及其竹色之朱，與不朱也，吾愛陳君之〔潮干狩〕錯落有致，無數婦女子，一一生動，猶愛其顏色用濃朱點出，是□應用赤者，足以促進□□，迅速活□使人快感心理。若必指者為人而安有如雞冠之赤，則□矣。

要之君之藝術上精神，情□□□，筆陳情義，是所以有生命，有價值處。

其他水彩畫四點，素描六點，日本畫三點。素描用筆純熟，日本畫如〔秋思〕頗見會心之解，右所□□敢自□為□。然有目□□聞與一般同好之士，聞賞而心契之也。

吾人□介紹聞君謙遜，雖對於入選之品，亦不書入選，故昨多內地人，多有不知其曾入選帝展者。聞君能不敢自足，則藝術進境，方且無涯。此吾人所以特別表□敬意之處，祝君前途大成。

———記者〈觀陳澄波君　洋畫個人展〉《臺灣日日新報》日刊4版，1927.6.30，臺北：臺灣日日新報社

嘉義陳澄波君，在臺北博物館，所開之二十七、二十八、二十九、三十此四日間，洋畫個人展，成績如何，當不少有欲知之者，吾人與其紹介展覽成績，寧紹介其中有許多趣談也。

時而小野第三高女校長見報即勸誘多數之職員往觀，同校長勿論自己躍馬先登，與各職員目賞口論，終於〔秋之博物館〕、〔美校花園〕、〔西洋館〕三者之中，欲擇其一，歸置學校，因廣徵各職員意見，女教師多贊成〔秋之博物館〕，同校長笑曰，高女專教授女生，當尊重女教師意見，遂定〔秋之博物館〕以歸。

有黃鳴鴻氏者，其思想頗為奇拔，為陳君知己之一人，同時為使陳君煩悶進退維谷之一人，所以者何，黃氏本於魚我所欲，熊掌亦我所欲之熱望，欲兼得洋畫之〔鼓浪嶼〕，及水彩畫之〔水邊〕二者，缺一不可。反是則陳君以為〔鼓浪嶼〕，既係我愛子，〔水邊〕又係我愛人，堅持不放，宛然若民國南北軍相拒許久。其後觀者，多勸陳君讓步，曰士為知己者死，況於自己筆能再畫作品，陳君迫於義理上，勉強妥協，連呼愛人去矣，愛子亦去，大有香山居士不忍別樊素與愛馬之苦痛，聞者咸為失笑。

其他吳昌才氏所購者，為〔郊外〕，吳氏多年勞瘁於地方公事，現養病中，忖其意蓋欲得一郊外空氣清澄之理想鄉，當作臥遊非歟。張園氏所購者為〔雪街〕，陳振能氏所購者，為〔伊豆風景〕。臺灣苦熱，得〔雪街〕之瓊樓玉宇望之，固絕好消夏法也；振能氏屢遊伊豆，酷愛其境，圍棋之著想，從而進步，則斯畫之購，原非無故。陳天來氏與廈門最有關係，故購入〔黎明圖〕，掛之高樓上，晨夕眺望廈門集美村，想見其處，雖歷經兵劫，而學校駸駸發達，山水依然明秀為可慰也。

新臺北市協議會員李延齡氏所得者，為〔潮干狩〕，李氏與陳天來氏，俱為書畫收藏家之一人。倪蔣懷氏，則於繪事，有所造詣，所購者為〔紅葉〕，昔阮亭山人極愛賞紅葉聲多酒不辭之句，但不知倪氏能酒否。

又本社同人所購者為〔須磨湖水港〕、〔潮干狩〕三者。臺北師範劉克明氏，所購者為〔觀

櫻花〕，或云劉氏素喜梅花，近移於愛櫻，詠梅之詩甚多，不可無詠櫻之作。萬華有志人士，則胥謀欲□君描寫龍山寺風景，獻納同寺，以與黃土水君所彫之〔釋迦像〕，共為寺寶。若果實現，則誠一大快事也。

—〈無腔笛〉《臺灣日日新報》夕刊4版，1927.7.4，臺北：臺灣日日新報社

・7月3日，返回嘉義。

洋畫家陳澄波氏，於三日歸嘉義。

—〈人事欄〉《臺灣日日新報》夕刊4版，1927.7.4，臺北：臺灣日日新報社

・7月8-10日，個展於嘉義公會堂，展出油畫〔嘉義ノ町外レ〕（現名〔嘉義街外（一）〕）、〔南國ノ川原〕（南國川原）、〔遠望ノ淺草〕（遠望淺草）、〔嘉義公會堂〕、〔美校ノ花園〕（美術學校的花園）、〔紅葉（一）〕、〔紅葉（二）〕、〔臺灣ノ或町〕（臺灣的某條街）、〔媽祖廟〕、〔雪景〕、〔初雪ノ上野〕（初雪的上野）、〔丸ノ內ノ池畔〕（丸之內池畔）、〔秋ノ表慶館〕（秋之表慶館）、〔洗足風景（一）〕、〔洗足風景（二）〕、〔江ノ島（一）〕（江之島（一））、〔江ノ島（二）〕（江之島（二））、〔山峰〕、〔上海ノ町〕（上海大街）、〔小川〕、〔朱夫子舊跡〕、〔少女ノ顏〕（少女之顏）、〔春ノ上野〕（春之上野）、〔秋晴〕、〔上野公園〕、〔雪中ノ銅像〕（雪中銅像）、〔南國ノ斜陽〕（南國斜陽）、〔不忍池畔〕、〔鼓浪嶼〕、〔落日〕、〔釣魚〕、〔熱海ホテル〕（熱海旅館）、〔常夏ノ臺灣〕（常夏之臺灣）、〔宮城〕、〔二重橋〕、〔熱海風景〕、〔西洋館〕、〔宮城前廣場〕、〔日本橋（一）〕、〔日本橋（二）〕、〔夏ノ南國〕（夏之南國）、〔芝浦風景〕、〔ケシノ花畑〕（罌粟花田）、〔須磨ノゴンドラ〕（須磨的貢多拉）、〔神戶港〕、〔黃昏ノ景〕（黃昏之景）；日本畫〔秋思〕、〔歪菊〕、〔雌雄並語〕；其他〔水邊〕、〔川原〕（河邊）、〔時計塔〕（鐘塔）、〔黃埔江〕、〔素描（一）〕、〔素描（二）〕、〔素描（三）〕、〔素描（四）〕、〔素描（五）〕、〔素描（六）〕等作品。[48]

敬啟者

正值綠蔭濃鬱、烈日炎炎的季節，恭祝闔家安康。

在下平日埋首耕耘的拙作，此次將在七月八日至七月十日於嘉義公會堂舉辦個展，雖無值得請各位先生賞臉鑑賞的像樣作品，但於公於私為了島內美術界，尚祈不吝給予批評與指教，在下一定更加發奮努力。抱歉在百忙中打擾您，希望有此榮幸能邀請您和您的家人以及親朋好友一同蒞臨觀賞。謹此通知。

昭和二年七月六日

嘉義街字西門外七七九番地

陳澄波

---

48. 展出作品參閱1927年7月6日陳澄波致賴雨若之書信。

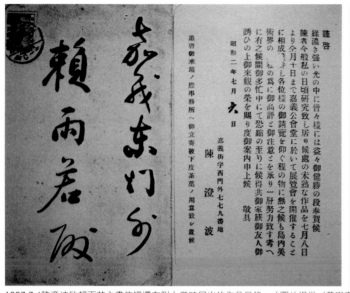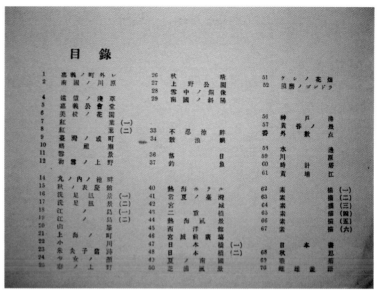

1927.7.6陳澄波致賴雨若之書信裡還有附上當時展出的作品目錄。（圖片提供／黃琪惠）

P.S.大駕光臨之際，煩請至事務所一坐，敬備茶點招待。（李）

—1927.7.6陳澄波致賴雨若之書信

嘉義出身洋畫家陳澄波氏個人洋畫展覽會，由嘉義內臺人士贊助，八日起三日間，開於嘉義公會堂。陳列品有油畫、日本畫，計六十一點。就中關于同地風景，有帝展入選品之〔嘉義町外〕及〔嘉義公會堂〕云。

—〈諸羅　陳氏個人畫展〉《臺灣日日新報》日刊4版，1927.7.11，臺北：臺灣日日新報社

　　曩於客月下旬，在臺北博物館內，開洋畫個人展大博好評之嘉義美術家陳澄波君，其後更在其故里嘉義公會堂，開個人展，聞亦大博好評。

　　據聞第一日之觀客，千七百餘名，第二日二千數十名，第三日二千二百餘名，賣出數點，計二十一點。即帝展入選之〔嘉義町外〕，由同街有志合同購贈於嘉義公會堂。嘉義中學，購〔媽祖廟〕；林文章君〔丸之內池畔〕；陳福木君〔江之島〕；周福全君〔山峰〕；林木根君〔春之上野〕；蔡西君〔上野公園〕及〔常夏之臺灣〕二點；黃岐南君〔殘雪〕；白師彭君〔落日〕及〔若草山〕亦二點；賴雨若君〔釣魚〕；徐述夫君〔日本橋〕；庄野桔太郎君〔芝浦風景〕；蘇友讓君〔東京雜踏〕；岸本正賢君〔花園〕；陳新木君〔須磨〕；蔡壽郎君〔神戶港〕。其他番外數點，此間可注目者，為本島人士熱心購入，於此可見本島人非必拜金主義，賤視藝術。支那民族，自來上流家庭，皆喜收藏名人墨蹟，近如南洋華僑諸成金者，亦且爭向廈門、潮汕、香粵採入，故其處書畫之貴，甚於臺灣。或云縱有高樓大廈，而無名人書畫，終不免貽人土富之譏，而習染成性，藝術上之眼光發達，將進而資人格上之陶冶焉。

　　陳君此回之個展，聞雖得利有千餘金，然扣除費用及色料資本，所餘學資金無多。昔明末清終，南田草衣渾（惲）壽平，竟以貧終；而大名鼎鼎之金農冬心，在維揚賣畫自給，亦非贏餘。

今日時代進化，賞音者多，當不至使藝術家坎坷一生也。

─〈無腔笛〉《臺灣日日新報》夕刊4版，1927.7.22，臺北：臺灣日日新報社

‧ 與廖繼春、顏水龍、范洪甲、何德來、張舜卿組成「赤陽洋畫會」，並於9月1-3日於臺南公會堂展出作品120餘件。

臺南新樓神學校之洋畫教師彭（廖）繼春氏，係東京美術學校出身，者番與尚在美校肄業中之陳澄波、顏水龍、張舜卿、范洪甲、何德來五氏，共組一赤陽洋畫會，相互研究畫事。茲該會為欲進洋畫趣味涵養，訂來月一日起三日間，將假臺南公會堂，開洋畫展覽會，作品約百二十餘點。

─〈洋畫展覽會　來一日於臺南公館〉《臺灣日日新報》日刊4版，1927.8.20，臺北：臺灣日日新報社

1927.9.1-3赤陽會第一次在臺南公會堂展出時合影。右二顏水龍、右三廖繼春、右四陳澄波。

‧ 夏，油畫〔夏日街景〕、〔溫陵媽祖廟〕。

‧ 9月16日，前往東京。

嘉義洋畫家陳澄波氏來北，訂搭來十六日輪船東渡。

─〈人事欄〉《臺灣日日新報》夕刊4版，1927.9.12，臺北：臺灣日日新報社

‧ 10月16日-11月20日，〔街頭の夏氣分〕（現名〔夏日街景〕）入選第八回帝展於東京府美術館。

依十二日東京電報稱，帝展洋畫，同日下午一時，審定油畫百九十三點。而去年入選之嘉義陳澄波君，又復入選，題為〔街頭之夏氣分〕。外水彩十六點，版畫十四點，計二百二十三點也。

　　—〈陳澄波氏再入選　帝展洋畫審查終了〉《臺灣日日新報》夕刊4版，1927.10.14，臺北：臺灣日日新報社

　　【東京支局特電十四日發出】今年帝展第二次入選、來自臺灣的青年洋畫家陳澄波君，昨天親自到總督府東京事務所通報，臉上掩不住喜悅：

　　我將作品題為〔夏日街景〕出品帝展，這是今年暑假回臺灣時在嘉義的中央噴水池附近畫的。一般而言，初入選雖然本來就不容易，但第二次要入選卻更加困難。所以一直擔心這次會被排除在入選名單之外，當聽到入選時，簡直以為自己在做夢。

　　可見其欣喜至極。另外，陳君還興奮地表示明年春天計畫在二、三月左右到支那漫遊，等累積許多不同畫題的作品後，希望在三越附近舉辦個展。（李）

—〈二度目の入選は　初入選より苦勞　入選と聞いた時は夢のやう　陳澄波君大喜び（再次入選比初入選還更

辛苦　聽到入選時彷彿是在做夢　陳澄波君欣喜若狂）〉《臺灣日日新報》日刊5版，1927.10.15，

臺北：臺灣日日新報社

臺灣人藝術家，雕刻部之黃土水君，以自己之便宜上，不欲出品。洋畫部之入選者，為嘉義陳澄波君，君之出品，計共二點，入選為〔街頭夏氣分〕，外一點則為〔北港朝天宮〕，前者為四十號，後者為五十號。陳君之自信，亦為前者，但二點皆留至最終之十二日，始被汰去其一。陳君雖不克入特選，入選品之〔街（街）頭夏氣分〕卻與滿谷國四郎、岡田三郎助、牧野虎尾（雄）、鹿子木、高間惣七郎、清水良雄、鈴木千久馬諸名家，共陳列一室，亦可謂榮矣。

　　—〈無腔笛〉《臺灣日日新報》日刊4版，1927.10.26，臺北：臺灣日日新報社

陳澄波氏〔夏日街景〕

牧野：這幅畫非常有趣。

大久保：有獨到的特色。

奧瀨：毫無理由，就是喜歡！

金澤：來往行人畫得太俐落，若能再多加處理，我會更滿意。（李）

　　—槐樹社會員〈帝展洋畫合評座談會〉《美術新論》第2卷第11號，頁137，1927.11.1，東京：美術新論社

第四室　夏日街景　陳澄波

物象區塊不明，地面的遠近距離感也有待加強。人物勾勒等功力仍顯不足。

　　—石田幸太郎、外狩野素心庵、加賀美爾郎、橫川三果軒、田澤良夫、田口省吾、竹內梅松、中川紀元、

前田寬治、古賀春江、鈴木亞夫、鈴木千久馬〈帝展繪畫全評〉《中央美術》第13卷第11號，1927.11，

東京：中央美術社；譯文引自吳孟晉〈陳澄波與一九二○年代的日本西畫壇〉《陳澄波專題研究》

頁1-18，2014.1.18，臺南：臺南市政府

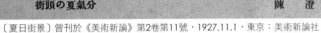

〔夏日街景〕曾刊於《美術新論》第2卷第11號，1927.11.1，東京：美術新論社　　　〔帝室博物館〕入選1927年第一回臺展。

· 10月28日-11月6日，〔帝室博物館〕入選第一回臺灣美術展覽會（簡稱「臺展」）於樺山小學校。[49]

　　陳澄波氏的〔帝室博物館〕是一幅透過率真的畫道來描寫的作品，這是可以肯定的，但顏料的處理仍有不足之嫌，若能加以研究，將來必能隨著年歲的增長，漸入佳境。（李）

　　　　—〈臺展を見て　某美術家談（臺展觀後感　某美術家談）〉《臺灣日日新報》日刊5版，1927.10.28，

臺北：臺灣日日新報社

　　東洋畫方面，發現有村上英夫君的作品可以與審查員的作品相抗衡，但西洋畫方面則無此發現，審查員以外的作品都遠為遜色，雖然這樣說很失禮，但這些作品就像五十步笑百步，都不足取。其中只有陳植棋君的〔海邊〕與陳澄波君的〔帝室博物館〕，在技巧上或景物的觀察方面較為優秀，值得一提。〔海邊〕是受到後期印象派影響的作品，目的在於立體感或動態的表現，雖然只是件小品，但卻令人可以感受到海邊遼闊無際的氣氛，整個畫面掌握地還不錯。陳澄波君的作品，描繪的是東京上野公園的博物館旁的景趣，似乎有以某位畫家作為範本（model），總之，是一幅感覺很好的畫作，畫面所散發的羅曼蒂克（romantic）的氣氛，非常迷人。（李）

　　　　—鷗亭生〈臺展評　西洋畫部　四〉《臺灣日日新報》日刊5版，1927.11.2，臺北：臺灣日日新報社

　　陳澄波的〔帝室博物館〕，陳氏曾入選帝展，這是一幅建築物和人物十分諧調的佳作，樸實的筆法深得吾心。（李）

　　　　—西岡塘翠〈島を彩れる美術の秋　臺展素人寸評（彩繪島嶼的美術之秋　臺展素人短評）〉

《臺灣時報》頁83-92，1927.12.15，臺北：臺灣時報發行所

---

49. 臺灣日本畫協會編《第一回臺灣美術展覽會圖錄》第47圖，1928.1.20，臺北：臺灣日本畫協會。

・10月，油畫〔庭院外〕。

・初冬，油畫〔上野公園（二）。

・11月3日，油畫〔日光華嚴瀑布〕。

・冬，油畫〔嘉義街外（二）〕、〔嘉義街外
（三）〕、〔玉山遠眺〕。

・12月7日，自日本回臺，在臺北住一夜後，8日返
回嘉義。

　　兩入帝展之本島人洋畫家陳澄波氏，七日歸自內地，
　　在臺北一泊，八日歸嘉義，預定約一個餘月間在臺灣
　　寫生後，然後於來春一月下旬，再赴東京。

　　　　　—〈人事欄〉《臺灣日日新報》夕刊4版，1927.12.9，
　　　　　　　　　　　　　　　　臺北：臺灣日日新報社

1927年油畫〔日光華嚴瀑布〕。

・12月11日，與林玉山共同舉辦書畫展於嘉義公會
堂。

　　嘉義公會堂娛樂部，本十一日午前十時，在同公會
　　堂，開評議員會。是日並欲主開陳澄波及林英貴二氏
　　之書畫展覽會云。

　　　　　—〈諸羅　娛樂評議〉《臺灣日日新報》夕刊4版，
　　　　　　　　　　　　1927.12.11，臺北：臺灣日日新報社

・12月27日，「綠榕會」成立，陳澄波與廖繼春等人
被聘為顧問。

　　臺南市新進洋畫家江海橫、陳圖南、趙雅佑外數氏，
　　今回為促進洋畫踪吏，組織一綠榕會，於去二十七
　　晚，假西會（薈）芳旗亭，開發會式。該會特懇廖
　　繼春、陳澄波外數氏為顧問。全會員因乘公餘，於
　　二十九日起，三日間，赴高雄、東港方面寫生，力求
　　資料，將於來年九月開作品展覽會云。

　　　　　—〈綠榕會成立〉《臺灣日日新報》日刊4版，1927.12.31，
　　　　　　　　　　　　　　　　臺北：臺灣日日新報社

陳澄波（中）與友人合影於華嚴瀑布前，約1927年攝。

・油畫〔大林江氏省園〕、〔帝室博物館〕。

・創作多張炭筆素描與裸女速寫。

1928（昭和3年）　34歲

・1月14日，上臺北，並赴淡水和北投寫生。之後前往東京。

　嘉義洋畫家陳澄波氏，十四日上北，擬滯留至二十三日，然後赴東京，此間要到淡水、北投各方面寫生。

—〈人事欄〉《臺灣日日新報》夕刊4版，1928.1.15，臺北：臺灣日日新報社

・1月，油畫〔嘉義街外（四）〕、〔小鎮風光〕。

・2月4-19日，〔新高の白峯〕（新高的白峯）入選第五回白日會展覽會於東京府美術館。[50]

　第二室—〔新高的白峯〕陳澄波，雖美卻顯貧弱。

—葛見安次郎〈第五回白日會評〉《Atelier》第5卷第3號，1928.3，東京：アトリヱ社；譯文引自吳孟晉〈陳澄波與一九二〇年代的日本西畫壇〉《陳澄波專題研究》頁1-18，2014.1.18，臺南：臺南市政府

・2月11-26日，〔不忍池畔〕入選一九三〇年協會第三回洋畫展覽會於東京府美術館。[51]

　依東京友人來信，臺灣人青年，在東京藝術界方面活動者，彫刻家大名鼎鼎之黃土水君，固不待論。洋畫如嘉義陳澄波君，且兩入帝展。同君自本年，入選之數，凡有五處，即一月中，以臺灣八景，及日光風景為題，入選本鄉畫展。二月中白日會展、一九三〇協會展、太平洋畫展、槐樹社展，各有臺灣及內地風景數點入選。

—〈無腔笛〉《臺灣日日新報》夕刊4版，1928.2.28，臺北：臺灣日日新報社

・2月19日-3月9日，〔歲暮の景〕（歲暮之景）入選第五回槐樹社展覽會於東京府美術館。[52]

　陳澄波氏〔歲暮之景〕

　齋藤[53]：活潑有趣。

　吉村[54]：點景人物等部分，畫得十分有趣。

　金井[55]：同感。（李）

—槐樹社會員〈槐樹社展覽會入選作合計（評）〉《美術新論》第3卷第3號，頁90-106，1928.3.1，東京：美術新論社

・2月22日-3月10日，〔南國の學園〕（南國的學園）入選太平洋畫會第二十四回展於東京府美術館。[56]

50.〈第五回白日會美術展覽會目錄〉，收入青木茂監修、東京文化財研究所編纂《近代日本　アート・カタログ・コレクション　052　白日會　第1卷》折頁，2003.5.23，東京：株式会社ゆまに書房。
51.《一九三〇年協會第三回洋画展覽會　公募作品及ひ會員作品》頁1，1928.2.11-26，東京：美術選集刊行會。
52.〈第五回槐樹社展覽會〉，收入青木茂監修、東京文化財研究所編纂《近代日本　アート・カタログ・コレクション　074　一九三〇協会／槐樹社　第1卷》折頁，2004.10.25，東京：株式会社ゆまに書房。
53.即「齋藤與里」。
54.即「吉村芳松」。
55.即「金井文彦」。
56.〈第二十四回太平洋畫會展覽會出品目錄〉，收入青木茂監修、東京文化財研究所編纂《近代日本　アート・カタログ・コレクション　011　太平洋画会　第3卷》頁635-688，2001.5.25，東京：株式会社ゆまに書房。

嘉義的陳澄波氏，以〔南國的學園〕和〔歲暮之景〕出品太平洋畫展及槐樹社展，兩畫展已於二月十七日和十八日公布入選名單，結果兩幅都入榜。這兩個畫會都是僅次於帝展的有力展覽。（李）

—〈嘉義〉《臺灣日日新報》日刊6版，1928.2.29，臺北：臺灣日日新報社

・3月13-30日，〔臺灣風景〕入選第十五回日本水彩畫會展覽會於東京府美術館。[57]

・3月15-30日，〔雪景〕入選第十五回光風會展覽會於東京府美術館。[58]

・3月16日，裸女速寫於本鄉繪畫研究所。

・春，油畫〔勤讀〕。

・6月，油畫〔杭州古厝〕。

・7月10日，抵達廈門。

依洋畫家陳澄波君來信，廈門每日百零二三度，云七月十日渡廈寫生，不三日即二次患腦貧血，人事不省，經注射種種醫治，全身疲勞，今尚在廈門繪畫學院王氏宅中靜養。據醫者談云，體質與杭州西湖之水不合，又且為廈門酷熱所中。

—〈無腔笛〉《臺灣日日新報》日刊4版，1928.8.3，臺北：臺灣日日新報社

1928.6.22陳澄波（中）於西湖拍攝之紀念照。下方作品左為〔西湖泛舟（西湖風景）〕、中為〔西湖東浦橋〕、右為〔西湖寶石山保俶塔之風景〕。

1928.7.30陳澄波（前排右四）在廈門旭瀛書院個展時與友人合影。

・7月28-30日，個展於廈門旭瀛書院，展出作品40件。

然氏尚不屈，仍依同好之士，及臺灣公會等鼎力，於去七月二十八日起，至同三十日三日間，場所在城內旭瀛書院，開個人畫展，出品點數，計四十點。內西湖風景等凡三點，豫定出品於今秋帝展，從來臺灣喜購對岸繪畫，今得陳氏逆輸出亦禮尚往來之一端也。

—〈無腔笛〉《臺灣日日新報》日刊4版，1928.8.3，臺北：臺灣日日新報社

57. 〈第十五回日本水彩画会會展覽会目録〉，收入公益社団法人日本水彩画会監修、瀬尾典昭編著《近代日本水彩画一五〇年史》頁535-540，2015.12.25，東京：株式会社国書刊行会。
58. 〈第十五回光風會展覽會出品目録〉，收入青木茂監修、東京文化財研究所編纂《近代日本　アート・カタログ・コレクション　030　光風会　第2巻》頁69-122，2002.5.23，東京：株式会社ゆまに書房。

・8月10日，經廈門、上海，至東京後返臺。

・9月1-3日，參加臺南赤陽會展。

同氏云定本月十日前後發廈門折上海，赴東京，後歸臺灣，俟九月一、二、三日臺南赤陽會展覽
會終後，再上北移於龍山寺之獻納寫生也。

—〈無腔笛〉《臺灣日日新報》日刊4版，1928.8.3，臺北：臺灣日日新報社

・9月12日，前往臺北萬華龍山寺作畫。

嘉義油畫家陳澄波氏上北，按定二禮拜間，描寫萬華龍山寺寫真，由諸有志者獻納。

—〈人事欄〉《臺灣日日新報》夕刊4版，1928.9.12，臺北：臺灣日日新報社

陳澄波君表示：「我屢次想描繪去年竣工、臺灣具代表性的寺院龍山寺的莊嚴之圖並配以亞熱帶
氣氛的盛夏，卻苦無機會，幸好利用休假，目前正在龍山寺閉關製作中。不過，連我自己都還不
滿意」。（李）

—〈アトリエ廻り（畫室巡禮）〉《臺灣日日新報》夕刊2版，1928.10.5，臺北：臺灣日日新報社

・9月，〔空谷傳聲〕、〔錢塘江〕入選福建省立美術展。

本島人洋畫家陳澄波君，今秋對於各種美術展，決定以西湖全景，及東浦橋出品於帝展，決定以
目下力作中之臺北萬華龍山寺出品於臺展。君又嘗以〔空谷傳聲〕，及〔錢塘江〕二點，出品於
福建省立美術展，近經接到入選消息。（中略）〔空谷傳聲〕，景在西湖蘇小墓畔，一面〔錢塘
江〕，則以錢塘蘇小是鄉親故，與〔空谷傳聲〕，成一聯絡。君於此種擇題，為古典派，無怪其
克適合於福建人士之審美觀也。

—〈無腔笛〉《臺灣日日新報》夕刊4版，1928.9.20，臺北：臺灣日日新報社

・9月28日，返回嘉義。

陳澄波氏，畫萬華龍山寺圖，計費十餘天，於日昨告就，廿八日歸嘉義。

—〈人事欄〉《臺灣日日新報》夕刊4版，1928.9.29，臺北：臺灣日日新報社

・秋，油畫〔自畫像（一）〕、〔高腳桌旁立姿裸女〕。

・10月27日-11月6日，〔龍山寺〕（特選）、〔西湖運河〕入選第二回臺展於樺山小學校。[59]

陳澄波氏，大昨年、去年繼續入選帝展，本年帝展雖偶然鎩羽，所畫〔龍山寺〕及〔西湖運
河〕，得入選臺展，亦可稍慰，殊如龍山寺圖，乃稻艋有志之士囑氏執筆欲獻納於同寺者。

—〈第二回臺灣美術展 發表審查入選作品 比較前回非常進境 本島人作家努力顯著〉《臺灣日日新報》
夕刊4版，1928.10.18，臺北：臺灣日日新報社

臺展的招待日於二十六日上午八點開場，但當天恰好是明石將軍的墓前祭，因此官民有力人

---

59. 臺灣教育會編《第二回臺灣美術展覽會圖錄》頁43、57，1929.1.25，臺北：財團法人學租財團。

士們在歸途中一同觀賞。從早上開始熱鬧，到下午一點時已有五百名觀眾，持續到下午四點時已有超過千名入場者。當日售出東洋畫三幅、西洋畫兩幅：

東洋畫　〔高嶺之春〕（一百五十圓）那須雅城、〔深山之秋〕（一百五十圓）那須雅城，兩幅由太田高雄州知事購買。〔貓〕（二十圓）中村翠谷作，由三十四銀行支店長購買。

西洋畫　〔西湖運河〕（一百二十圓）陳澄波，由三好德三郎氏購買。〔植物園小景〕[60]（五十圓）由臺中州大甲街吳准水氏購買。（伊藤）

—〈臺展　招待日　朝から賑ふ（臺展　招待日　從早上開始熱鬧）〉《臺灣日日新報》夕刊2版，

1928.10.27，臺北：臺灣日日新報社

龍山寺，為稻艋有志人士，釀金囑陳澄波氏所執筆也。龍山寺凤由有志獻納黃土水氏所彫刻釋尊木像，故陳氏此回之受囑，深引為榮。計自嘉義搭車數番來北，又淹留於稻江旅館，子（近）三禮拜，日夕往返，到廟寫真，合額面及繪料，所費不資（貲）。自云為獻身的執筆，比諸出品於帝展者，更加一倍虔誠努力，誓必入特選，今果然矣。想陳氏當人，及諸寄附者，不知如何喜歡。蓋至少陳氏之圖，亦須臺展特選，始可與黃土水氏之釋尊，陳列於室中而無愧也。

—〈第二【回】臺灣美術展　入選中特選三點　皆島人　望更努力　勿安小成〉《臺灣日日新報》夕刊4版，

1928.10.30，臺北：臺灣日日新報社

陳澄波的〔龍山寺〕在牆上熠熠生輝，可以說畫作之光正是畫家內心的光采展現。以帶黃的暖色為基調的畫彩，一筆一畫扎扎實實帶給了觀者難以言喻的撼動。畫布上看不到一絲一毫虛稚與羸

〔自畫像（一）〕老照片。

〔龍山寺〕原作佚失，目前僅存黑白圖片。

---

60. 〔植物園小景〕作者為中村操。

亂的畫技、沒有丁點兒草率的矜張賣弄，唯見畫者傾其所有溫暖的思緒於畫筆中，實令人欣喜寬慰。（蘇）

————以佐生〈臺展の洋畫を見る（臺展洋畫之我見）〉《第一教育》第7卷第11號，頁91-96，1928.12.5，

臺北：臺灣子供世界社

今年特選的、陳澄波君也是本島人，但其作品卻非常出色。〔寺〕[61]為其畫題，如同此畫題，是描寫寺廟的作品，強烈的色彩以及明亮的光線，顯示出本島人的某種特質。（李）

————小林萬吾〈臺灣の公設展覽會———臺展（臺灣的公設展覽會———臺展）〉《藝天》3月號，頁17，1929.3.5，

東京：藝天社

· 11月10日，油畫〔龍山寺〕奉納於萬華龍山寺，並與黃土水的彫刻〔釋迦像〕一起陳列在會議室內。

既報由稻艋有志，釀金囑嘉義洋畫家陳澄波氏，描寫龍山寺圖，同圖在臺灣美術展入特選，卜昨十日御即位佳辰，經奉納於龍山寺內，為黃土水氏所彫之釋尊像，同列於會議室內。

————〈龍山寺洋畫奉納〉《臺灣日日新報》日刊6版，1928.11.12，臺北：臺灣日日新報社

· 11月28日，赴東京。

嘉義洋畫家陳澄波氏，二十八日上京。

————〈人事欄〉《臺灣日日新報》夕刊4版，1928.11.29，臺北：臺灣日日新報社

· 12月，油畫〔裸女斜坐側右期待〕。
· 油畫〔東京府美術館〕、〔西湖泛舟（西湖風景）〕、〔西湖寶石山保俶塔之風景〕、〔湖畔〕、〔西湖東浦橋〕、〔陽台上的裸女〕、〔和服男子〕。
· 創作多張炭筆素描與裸女速寫。

1929（昭和4年） 35歲

· 1月10-30日，〔西湖風景〕（現名〔西湖泛舟（西湖風景）〕）、〔杭州風景〕、〔自畫像〕入選第四回本鄉美術展覽會。

嘉義洋畫家陳澄波君，自杭州來信，言杭州約半月降雪，所畫西湖十景中之斷橋殘景，將出品於民國國立美術賽會。又云接東京學友通信，知已所出品於本鄉展之西湖、及杭洲風景、自畫像三點入選，陳氏滯杭期日。豫定至本月下旬。

————〈人事欄〉《臺灣日日新報》夕刊4版，1929.2.12，臺北：臺灣日日新報社

陳燈澤（澄波）氏的〔西湖風景〕十分有趣，觀賞它感覺心情愉快，中景部分很有趣但實在不敢

---

61. 臺灣教育會編《第二回臺灣美術展覽會圖錄》（臺北：財團法人學租財團，1929.1.25）中之畫題為「龍山寺」。

〔西湖風景〕（現名〔西湖泛舟（西湖風景）〕）入選第四回本鄉美術展覽會。

恭維。（李）

　　—奧瀨英三〈第四回本鄉美術展瞥見〉《美術新論》第4卷第3

　　號，頁63-64，1929.3.1，東京：美術新論社；譯文引自李淑珠

　　　　《表現出時代的「Something」——陳澄波繪　　　　〔西湖東浦橋〕曾入選第六回槐樹社展和第一回赤島社展。

　　　　　畫考》頁157，2012.5，臺北：典藏藝術家庭股份有限公司、財團法人陳澄波文化基金會

・2月10日，裸女速寫於日本。

・3月9日，裸女速寫於日本。

・3月16日-4月4日，〔西湖の東浦橋〕（西湖東浦橋）入選第六回槐樹社展覽會於東京府美術

　館。[62]

陳澄波　　西湖東浦橋

金井：這位畫家能畫出更有趣的作品，明年的表現值得期待。

　　—槐樹社會員〈槐樹社展覽會合評雜話〉《美術新論》第4卷第4號，頁76-101，1929.4.1，東京：美術新論社；

　　　　　譯文引自吳孟晉〈陳澄波與一九二〇年代的日本西畫壇〉《陳澄波專題研究》頁1-18，2014.1.18，

　　　　　　　　　　　　　　　　　　　　　　　　　　　　　　　　　臺南：臺南市政府

第十二室

田：在十二室中值得一提的作品，包括野口謙藏的〔閑庭〕、陳澄波的〔西湖東浦橋〕、村田榮

太郎的〔秋之山〕、故人岡春野女士的〔靜物〕等兩項作品……。

　　—金井紫雲、外狩野素心庵、田澤良夫〈座談槐樹社展〉《美術新論》第4卷第4號，頁103-112，1929.4.1，

　　東京：美術新論社；譯文引自吳孟晉〈陳澄波與一九二〇年代的日本西畫壇〉《陳澄波專題研究》頁1-18，

　　　　　　　　　　　　　　　　　　　　　　　　　　　　2014.1.18，臺南：臺南市政府

62.〈第六回槐樹社展覽會〉，收入青木茂監修、東京文化財研究所編纂《近代日本　アート・カタログ・コレクション　074　一九三〇協会／槐樹社》折頁，
　2004.10.25，東京：株式会社ゆまに書房。

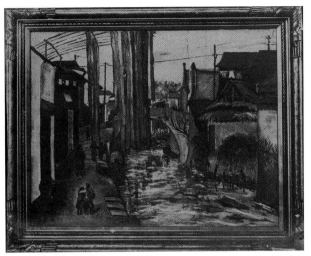

〔綢坊之午後〕老照片。

1929年舉辦的西湖展覽會，曾於葛嶺與孤山間建木橋與三座橋亭。此張為陳澄波收藏的西湖展覽會會橋照片。

- 3月23日，裸女速寫於日本。
- 3月24日，自東京美術學校圖畫師範科研究科畢業。[63]
- 3月29日，裸女速寫於日本。
- 4月10-30日，參展上海第一屆全國美術展覽會，展出〔早春〕、〔清流〕、〔綢坊之午後〕。[64]

  陳澄波君底技巧，看來是用了刻苦的工夫的。而他注意筆的關係，就失掉了他所表現的集力點。如〔早春〕因筆觸傾在豪毅，幾乎把早春完全弄成殘秋去了。原來筆觸與所表現的物質，是有很重要的關係。在春天家外樹葉，或草，我們用精確的眼力去觀察，它總是有輕柔的、媚嬌的。然而〔早春〕與〔綢坊之午後〕，都是頗難得的構圖和題材。

  —張澤厚〈美展之繪畫概評〉《美展》第9期，頁5、7-8，1929.5.4，上海：全國美術展覽會編輯組

- 5月3日，炭筆素描〔臥姿裸女素描-29.5.3（4）〕於藝苑。
- 5月13日，裸女速寫於藝苑。
- 任藝苑繪畫研究所指導員。[65]
- 6月6日-10月9日，〔湖上晴光〕、〔外灘公園〕、〔中國婦女裸體〕、〔杭州通江橋〕四件作品參加西湖博覽會。

  一、參加西湖博覽會藝術館：西湖博覽會藝術館總幹事李朴園、參事王子雲，一再至該所徵求出品，該所指導潘玉良、唐蘊玉、張弦、邱代明、張辰伯、王濟遠、馬施德、陳澄波、薛珍等集三十二件以應之，已由博覽會駐滬幹事派員前來點收運杭，以襄盛舉。

  —〈藝苑繪畫研究所近訊　籌募基金舉行書畫展　將開暑期研究班〉《申報》第11版，1929.6.10，上海：申報館

---

63. 參閱「履歷表（二）」，收入《陳澄波全集第六卷：個人史料（I）》頁87-88。
64. 《教育部全國美術展覽會出品目錄》頁42，1929.4。李超教授提供。
65. 《藝苑繪畫研究所概況》1929年，上海：藝苑。李超教授提供。

1929.6.27在藝苑繪製的裸女速寫。

1929.6.21陳澄波病後攝於上海藝苑。

嘉義洋畫家陳澄波氏，自上海來信，言自六月六日起，至十月九日之間，有西湖博覽會開催。已以〔湖上晴光〕及〔外灘公園〕、〔中國婦女裸體〕、〔杭州通江橋〕四點出點（品）。

　　　　　　　　　　　　—〈人事〉《臺灣日日新報》夕刊4版，1929.6.13，臺北：臺灣日日新報社

・6月12日，裸女速寫於上海。

・6月14日，感染白喉，病情急速惡化住院療養。

　　嘉義出生的洋畫第一人者陳澄波氏，攜一錢看囊訪問北京，好不容易抵達上海，在此勤奮於郊外寫生的停留期間，不慎感染到白喉（diphtheria），六月十四日時病情急速惡化，在危機一髮之際，幸得畫友相助，接受西醫的急救措施並住院療養，短短數日，阮囊也為之羞澀，結果只好打消到北京的念頭，決定轉往普陀山以及蘇州旅遊。身體狀態因曾一時陷入昏迷，故目前醫師們吩咐必須絕對靜養，但他非常焦急想出院的模樣，令人頗為同情！也因此，將來不及回臺灣參加七星畫壇和赤陽會合併後的赤島會（社）的七月[66]的展覽，但據說作品〔西湖風景〕、〔西湖東浦橋〕、〔空谷傳聲〕等三件風景畫將會參展，第一次的展覽[67]……。（李）

　　　　　　　　　　　　　　　　　　　　　　—〈嘉義〉出處不詳，約1929.6

・6月22日，裸女速寫於藝苑。

・6月23日，人物速寫於藝苑。

・6月27日，裸女速寫於藝苑。

---

66. 赤島社第一回展的日期最後確定為1929年8月31日至9月3日。
67. 以下內容逸失。

· 7月6-9日，參與藝苑繪畫研究所於西藏路寧波同鄉會舉行之「現代名家書畫展覽會」。

藝苑繪畫研究所宣稱，本所為籌募基金，舉行現代名家書畫展覽會，准於七月六日起至九日止，在西藏路寧波同鄉會舉行，出品分①書畫部，②西畫部。捐助作品諸名家有六十餘人，書畫部如：陳樹人、何香凝、王一亭、陳小蝶、胡適之、李祖韓、李秋君、狄楚青、陳（張）大千、張善孖、商笙伯、方介堪、王師子、沈子丞、鄭午昌、鄭曼青、張聿光、潘天授等；西畫部如：丁悚、王遠勃、王濟遠、江小鶼、汪亞塵、李毅士、邱代明、倪貽德、唐蘊玉、張辰伯、張光宇、楊清磬、潘玉良、陳澄波、薛玲（珍）等。薈萃中西名作於一堂，蔚為大觀。本會先期分隊售券，券額祇限六百張，屆時必有一番盛況也云云。

—〈藝苑現代名家書畫展覽將開會〉《申報》第2版，1929.7.4，
上海：申報館

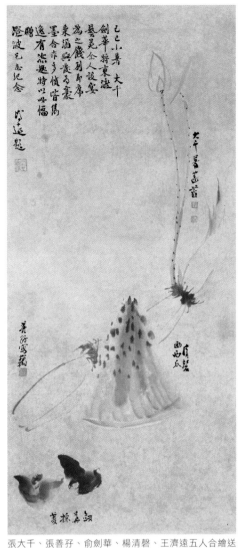

張大千、張善孖、俞劍華、楊清磬、王濟遠五人合繪送給陳澄波之畫作〔五人合筆〕。

· 7月13日，裸女速寫於藝苑。

· 7月，張大千與俞劍華即將前往日本，藝苑同仁設宴餞別，宴會上張大千、張善孖、俞劍華和楊清磬四人繪花果水墨軸，由王濟遠題字，贈予陳澄波紀念。[68]

· 8月，與汪荻浪一起獲聘為上海新華藝術大學（後改名為「新華藝術專科學校」）西畫系教授。

汪荻浪留法多年，畢業於巴里美術大學，於日前返國。陳澄波東京美術學校畢業同校研究科畢業，曾出品於日本帝國展覽會，亦於日前來滬。各攜作品甚多，秋暮將在滬開個人展覽會。新華藝術大學，已添聘二君為洋畫教授，並請汪君任洋畫系主任，以期□系之進展。左即二君之近像。

—〈新華藝大聘兩少年畫家〉《申報》第5版，1929.8.26，上海：申報館

新華藝術大學本學期因學額擴充，原有校舍不敷應用，故已遷至斜徐路打浦橋南塊新洋房內，添設的女子音樂體育專修科，已聘請徐希一為主任，王復旦、陸翔千、孫和賓、張玉枝任體育教授，西人開爾氏任舞蹈教授，西畫系除添聘汪荻浪為主任、陳澄波為教授外，近又聘請留法十餘年，曾得巴黎美術展覽會最優等獎章之鍾煜君為教授，其他各系亦大加擴充，聞該校已於九月一

---

68. 該畫之釋文為：「己巳小暑，大千、劍華將東渡，藝苑全人設宴為之餞別，即席乘酒興發為豪墨，合作多幀，皆雋逸有深趣。特以此幅贈澄波兄志紀念 濟遠題。大千著茵苕 善孖寫藕 清磬画西瓜 劍華採菱」。

日開學，定九日起正式上課，新舊生到校者已有三百餘人云。

　　　　　　　　　　　—〈新華藝大之擴充〉《申報》第12版，1929.9.4，上海：申報館

嘉義畫家陳澄波氏，久客中華，茲受上海新華藝術大學之聘，入該校為洋畫教授。

　　　　　　　　　　—〈人事〉《臺灣日日新報》夕刊4版，1929.9.12，臺北：臺灣日日新報社

‧8月26日，與藝苑繪畫研究所普陀旅行寫生班返回上海。

　研究目：油畫、水彩畫、素描，分室內實習、旅行普陀實習二科。

　研究額：研究員二十人，容一般畫家及中學教員自由實習。研究生二十人，容各學校學生暑期內
　　　　　補習。

　指導員：王濟遠、潘玉良、張辰伯、邱代明、倪貽德、唐蘊玉、陳澄波、薛珍。

　簡約：函索，附郵票三分。

　所址：上海西門林蔭路一五二藝苑。

　　　　　—〈藝苑繪畫研究所夏季招收男女研究員生〉《申報》第6版，1929.7.8，上海：申報館

藝苑繪畫研究所，普陀旅行寫生班，已於昨日歸滬，指導員如：王濟遠、潘玉良、朱屺瞻、陳澄
波等，先後在普陀作畫，合研究員如金啟靜、周劍橋等作品共有數百點，不日將在滬舉行展覽
會。

　　　　　　　　　—〈藝苑繪畫研究所近聞〉《申報》第11版，1929.8.27，上海：申報館

‧8月31日-9月3日，以〔西湖風景〕、〔西湖東浦橋〕、〔空谷傳聲〕參加赤島社第一回展出
於臺灣總督府博物館。[69]

向來本島人組織之洋畫會，北有七星畫壇，其同人乃陳植棋、張秋海、藍蔭鼎、陳承潘、陳英
聲、倪蔣懷諸氏，南有赤陽會，其會負（員）即陳澄波、廖繼春、范洪甲、顏水龍、張舜卿、何
德來諸氏，此二會創立以來，俱閱三年，有南北對抗之勢，此回將合併，新組織一全島的大團
體，其會名，或謂美島社，或號赤島社等，尚未確定。聞將於來七月[70]開第一回展覽會於臺北、
臺南兩處，會員概東京美術學校畢業生、或在學生、外巴里留學中之陳清汾氏、關西美術院出身
之楊佐三郎氏，亦決定新加入為會員。蓋此等諸氏，乃本島洋畫界之新人，為臺灣斯界中堅，今
後對本島人之美術界，必有所貢獻云。

—〈臺灣洋畫界近況　北七星畫壇南則赤陽會將合併新組　訂來月中開展覽會於南北兩處〉《臺灣日日新報》

　　　　　　　　　　　　　　　　　　　日刊4版，1929.6.7，臺北：臺灣日日新報社

此次名為「赤島社」的美術團體誕生，為了與於秋天舉辦的官辦臺展互相較量，預定每年春天舉
辦展覽。會員目前是十四名，全部都是臺灣出生的美術家或者研習者，並以「生活即美」為座右

---

69. 參展作品名稱參閱〈嘉義〉出處不詳，約1929.6。
70. 赤島社第一回展的展期最後確定為1929年8月31日至9月3日。

銘，第一回美展將於下個月的八月三十一日以及九月一日、三日共三天，在臺灣的博物館舉辦。今年為了準備作業，導致美展的開辦延後，從明年開始將於春天舉辦，而且，目前為止，會員雖然只有西洋畫家，但將來有加入像陳進女士和黃土水君一樣的日本畫或彫刻家，成為綜合美術型的一大民辦展覽會的計畫。會員們都是本島出身者，大多是東京或京都的美術學校畢業生，或是在學中的人，大有前途者也非常多，連曾在臺展榮獲特選的畫家也加入其中。還有，巴里遊學中的陳清汾君、在支那寫生旅行中的陳澄波君，兩人都特別從遊學和旅遊當地送來作品參展，其他會員也展出嘔心力作，開幕時一定能博得好評。另外，赤島社的會員如下：

范洪甲、陳澄波、陳英聲、陳承潘、陳橫（植）棋、陳惠伸（慧坤）、陳清汾、張秋海、廖繼春、郭柏川、何德來、楊佐三郎、藍蔭鼎、倪蔣懷（李）

——〈臺展の向ふを張つて　美術團體「赤島社」生る　每春美術展覽會を開く（與臺展較量　美術團體「赤島社」誕生　每年春天舉辦美展）〉《臺灣日日新報》夕刊7版，1929.8.28，臺北：臺灣日日新報社

以本島為中心，包含本島、內地、海外的本島人洋畫家精英聯合組成赤島社，將於每年春天三、四月舉辦展覽，和秋天的臺展展開對抗，可以說向本島畫壇揚眉吐氣，成員除了帝展入選的陳澄波、陳植棋、廖繼春，春陽展入選的楊佐三郎，法國沙龍入選的陳清汾等，還有藍蔭鼎、倪蔣懷、郭柏川、何德來、張秋海、范洪甲、陳承潘、陳惠（慧）坤、陳英聲等諸君合計十四名。他們成立的宣言是：忠實反映時代的脈動，生活即是美，吾等希望始於藝術、終於藝術，化育此島為美麗島。愛好藝術的我們，心懷為鄉土臺灣島殉情，隨時以兢兢業業的傻勁，不忘研究、精進，赤島社的使命在此，吾等之生活亦在此。且讓秋天的臺展和春天的赤島展來裝飾這殺風景的島嶼吧！聲言的背後可以看出針對臺展的反旗張揚。相對於內地，春陽展或二科展也不敢提到與帝展怎麼樣，而由本島畫家精英集結的赤島社將會對臺展採取什麼態度，是值得大眾注目的。看來，臺北的畫壇要逐漸忙碌起來了。第一回展預定於本月三十一日起連三天在臺北博物館展出。

——〈粒揃ひの畫家連　臺展の向ふを張つて　「赤島社」を組織し　本島畫壇に烽火を揚ぐ（畫家聯合向臺展對抗　組織赤島社　本島烽火揚起）〉《臺南新報》1929.8.28，臺南：臺南新報社；譯文引自《臺灣美術全集14：陳植棋》頁48-49，1995.1.30，臺北：藝術家出版社

殊如陳澄波君之〔西湖風景〕三點，偉然呈一巨觀，較去年在臺展特選之〔龍山寺〕，更示一層進境。〔東浦橋〕兩株柳樹，帶有不少南畫清楚氣分（氛）。

——〈赤島社洋畫展覽　本日起開於臺北博物館　多努力傑作進步顯著〉《臺灣日日新報》夕刊4版，1929.8.31，臺北：臺灣日日新報社

赤島社的第一回油畫展在臺北博物館展出。會員十三人，作品總件數為三十六件，整個看完一遍的感想，一是作品水準比想像中還要一致，沒有玉石混淆之感，二是沒想到本島的美術界這麼快就有這種程度的進步。陳澄波君展出在支那旅遊的寫生作品「西湖風景」三件，與平常的畫風不同，呈現出非常穩健的風貌，其中，〔西湖風景其一〕等作品，佳。（李）

—鷗亭〈新臺灣の鄉土藝術　赤島社展覽會を觀る（新臺灣的鄉土藝術　赤島社展觀後感）〉

《臺灣日日新報》日刊5版，1929.9.1，臺北：臺灣日日新報社

　　赤島社會員之中，陳澄波、陳植棋、張秋海、廖繼春、楊佐三郎等人的作品，特別引人注目。

　　從陳澄波君的作品可以窺見陳君獨自的意境，即，在稚拙之中，意圖直接碰觸自己的定相[71]。此人對於生養自己的故鄉臺灣，有高度的興趣。

　　然而，他這次的作品，感覺因陷入了自我抄襲的主觀毛病而守舊不前。

　　例如：〔西湖風景（一）〕，繪卷式的說明搶眼，以致於疏忽對大畫面的統制。丘陵的描寫雖然極力強調大自然的沉鬱，但水面的表現卻顯得過於粗放不夠用心。至於〔西湖風景（二）〕，其構圖讓人無法苟同，而岩山尖凸的表現方式也只是片面的局部描寫，而且是來自配色需求而非實際感受，破壞了前面的蓮池的濕潤之美。〔西湖東浦橋〕的確可以令人感受到明快平淡的東洋趣味的表現，但既然如此，不管是構圖還是色調方面，希望有脫離現實、理想化的所謂不求形似但求神似的睿智。（李）

—鹽月善吉〈赤島社　第一回展を觀る（赤島社　第一回展觀後感）〉《臺南新報》1929.9.4，

臺南：臺南新報社

　　陳澄波這次的作品，似乎在這兩方面[72]的搭配上，多少有欠缺融洽之處。即使是第四號[73]的〔西湖風景〕，像那樣的表現，在創作態度上按理說是非常仰賴自己的主觀來處理的，但色彩感卻是基於以客觀為重的平面式知覺，這點，總覺得不夠融洽，擾亂畫面的穩定性。再者，若是那種色彩的話，就算不使用容易發色的油畫顏料，感覺日本畫的顏料也足以應付。我個人的看法是，伴隨像澄波君這樣的手法的，應該是更為清新鮮明的原色處理，例如像希涅克（Paul Victor Jules Signac）那樣，使用主觀的豐富色彩來搭配，才能得到好的效果。第六號的〔西湖之橋〕，在去年的帝展中落選，很令人感到意外，老實說，這幅畫比廖繼春君的六十號入選作〔芭蕉之庭〕更為優秀。（李）

—石川欽一郎〈手法と色彩──赤島社展を觀て（手法與色彩──赤島社展觀後感）〉《臺灣日日新報》版，

日刊61929.9.5，臺北：臺灣日日新報社

・9月20-25日，參展藝苑繪畫研究所舉辦的第一次美術展覽會於上海寧波同鄉會，展出〔自畫像〕、〔前寺〕與〔晚潮〕等。[74]

　　藝苑繪畫研究所，為促進東方文化，從事藝術運動起見，定於本月二十日起至二十五日止，假寧波同鄉會舉行第一次美術展覽會，分國畫、洋畫、彫塑三部，作家都是藝苑會員，羅列各美術學

---

71. 佛教用語，意指一定的形相、常住不變之相。
72. 指標題的手法與色彩。
73. 此處指的是展覽會場的畫作陳列排序，下文敘述的「第六號的〔西湖之橋〕」，亦同。
74. 目前尚未得知陳澄波展出幾件作品，唯〔自畫像〕與〔前寺〕之圖像曾刊於《藝苑　第一輯　美術展覽會專號　1929》頁22-23，1929.9.20，上海：文華美術圖書印刷公司。

校教授及當代名家凡二十餘人。國畫部如名家李祖韓、李秋君、陳樹人、鄧誦先等。洋畫部如名家王濟遠、朱屺瞻、唐蘊玉、張弦、楊清磬（磬）及中央大學教授潘玉良、上海美專教授王遠勃、上海藝大教授王道源、廣州市美教授倪貽德、邱代明、新華藝大教授汪荻浪、陳澄波，並新從巴黎歸國之方幹民、蘇愛蘭等。彫塑部如名家江小鶼、張辰伯、潘玉良等，皆有最近之傑作。昨在林蔭路藝苑開會討論，議決各項進行事宜。

—〈藝苑將開美術展覽會　本月二十日起　在寧波同鄉
會〉《申報》第11版，1929.9.16，上海：申報館

還有一位梵谷訶的崇拜者陳澄波氏，他的名恐怕還不為一般國人所熟知，然而他的作風確有他個人的特異處，在平板庸俗的近日國內的畫壇上，是一位值得注目的人物。

—倪貽德〈藝展弁言〉《美周》第11期，第1版，
1929.9.21

轟動全滬之藝苑美術展覽會，昨為開幕後之第四日，各部出品都有特殊之精神，各作家更有各人顯著之面目，尤以洋畫部為最。（中略）陳澄波氏之〔前寺〕，色彩強烈。

寺　前
陳澄波作
22

〔前寺〕曾刊於《藝苑 第一輯　美術展覽會專號　1929》頁22。

—〈藝苑美展之第四日〉《申報》第10版，1929.9.24，上海：申報館

昨為藝苑美術展覽會之第五日，值秋雨連綿來賓較稀，惟冒雨蒞會參觀者，亦復不少。文藝批評家張禹九氏稱此會較勝於全國美展，並購定洋畫部第九十六號陳澄波作〔晚潮〕，第五十七號朱屺瞻作〔海〕油畫小品二點。（中略）聞今日為最後之一日，准下午六時閉幕。

—〈藝苑美展之第五日　今日下午六時閉幕〉《申報》第10版，1929.9.25，上海：申報館

· 10月9日，與金啟靜、潘玉良、王濟遠去日本考察藝術教育。

本市市立敬業中學校藝術科主任金啟靜女士，本月九號與潘玉良、王濟連（遠）等赴日考察彼邦藝術教育最近設施，並採集圖工之新教材，美化方術中之時代藝術品。對於藝術教育，有多量之工作，女士於課餘之暇，常喜努力於創作。此次赴日，又值秋季帝展，當更有深切之探討、詳細之紀載，以餉國人。國內熱心是項工作者，以女士為首，此次東行，負各界之企望殊殷也。

—〈金啟靜赴日考察藝術教育〉《申報》第16版，1929.10.5，上海：申報館

民國十六（八）年秋分，王濟遠、陳澄波、潘玉良女士、金啟靜女士吾們四個人，被國民政府教育部派遣去考察日本美術，在于日都外務省的主催，受了犬養翁閣下歡迎國賓之禮的大歡迎宴席之榮。

—陳澄波《回顧（社會與藝術）》1945.9.9

· 10月16日-11月20日，〔早春〕入選第十回帝展。[75]

點綴帝都之秋的帝展，入選者中本島出身的美術家有陳澄坡（波）和藍蔭鼎兩位，前者這次是第三次入選；後者則是首次入選，羅東出身，現職是臺北第一及第二高女的囑託[76]，是一個主要以自學方式來習畫之人。（李）

—〈本島から　二人入選（本島有二人入選）〉《臺灣日日新報》夕刊2版，1929.10.13，臺北：臺灣日日新報社

前後兩次入選帝展，現為上海藝苑大學教授，嘉義出身者陳澄波氏，日昨有電至，又報稱入選日本帝展，如是則已達三次矣。

—〈陳澄波氏　三入選帝展〉《臺灣日日新報》夕刊4版，1929.10.13，臺北：臺灣日日新報社

據聞陳澄波君所入選者題為〔早春〕，係描寫西湖風景，本年二月中所執筆者，湖水綠生，遊客徜徉湖畔，目眺葛嶺山上，保俶塔尖高聳，並點綴白鴿徐飛，使人靜味湖上春風駘蕩，亦審美學上一種之用心也。陳君此回為第二（三）次之入選。去年寬選落選，自然意外失望，本年嚴選入選，不得不加倍喜歡。

〔早春〕目前僅存黑白圖片。

—〈帝展洋畫雜筆　本年非常嚴選　我臺灣藝術家　努力有效〉《臺灣日日新報》夕刊4版，1929.10.23，臺北：臺灣日日新報社

目前在帝都舉辦中的帝展，本島有藍蔭鼎、陳澄波和石川畫伯的公子[77]共三個人榮獲入選，實在可喜可賀。陳澄波是嘉義人，國語學校畢業後完成東京美術學校師範科學業，熱心研究繪畫，去

---

75. 〈帝展洋畫の入選發表　嚴選主義でふるひ落し　二百七十一點殘る（帝展西洋畫的入選名單公布　以嚴選主義篩選淘汰　剩下二百七十一件）〉《東京朝日新聞》朝刊3版，1929.10.12，東京：朝日新聞東京本社。
76. 「囑託」為「約聘教員」之職稱。
77. 「石川畫伯」指的是石川欽一郎，其子是石川滋彥，帝展入選時就讀東京美術學校西洋畫科（1927年入學），入選作品為〔湖畔の丘〕，也是首次入選。

年臺展時以力作〔龍山寺〕贏得了特選的榮譽，此事眾所皆知，至於帝展入選，這次是第三次。
（李）

— 〈彙報　臺北通信〉《臺灣教育》第328號，頁135-146，1929.11.1，臺北：財團法人臺灣教育會

· 10月16日，與王濟遠一同參觀第十回帝展。

帝展開幕的第一天，即十六日的招待日，一大早入場者便蜂擁而至，熱鬧無比。早上八點二十分開館，以一張招待券帶二十五位同伴的客人以及初入選者帶著盛裝打扮的妻小家眷前來參觀等等，場內就像擠沙丁魚般擁擠不堪，到中午時的入場者約有六千人，各展覽室均因人多擁擠而悶熱不已，結果導致有人貧血暈倒。在這樣擁擠的人潮當中，大倉喜七郎男【爵】、白根松介男【爵】、本鄉大將、增田義一、高島平三郎等諸氏以及支那西畫家的王濟遠、陳澄波兩氏亦露臉。十七日開始，將公開給一般大眾參觀。宮內省決定採買作品，應該於十六日下午三點便會知曉。（李）

— 〈押すな押すなの　大賑ひ　帝展招待日（別推呀別推呀的　大盛況　帝展招待日）〉《□□新聞》，
約1929.10

林蔭路藝苑研究所創辦人王、潘兩君及指導員陳君，赴日聯展消息，已誌前報。茲悉二君由彼國畫伯梅原龍三郎之介紹，在東京資生堂舉行聯展，參觀者均係日本名畫家及政界名流，盛極一時，連日日外務省及汪公使均相約歡宴。同時陳指導員近作大幅油畫〔早春〕一幀，亦入選於彼國帝展會云。

— 〈藝苑研究所創辦人留東　▲王潘二君聯展之盛況　▲陳指導員帝展入選〉《申報》第17版，1929.11.1，
上海：申報館

· 11月16日-25日，〔晚秋〕（特選‧無鑑查）、〔普陀山の前寺〕（普陀山前寺）（無鑑查）、〔西湖ノ斷橋殘雪〕（西湖斷橋殘雪）（無鑑查，又名〔清流〕）入選第三回臺展於樺山小學校。[78]

若夫無鑑查之陳澄波君〔晚秋〕，君數年來恒流連於蘇杭一帶，現擔任上海美術大學教授，故其圖面，自然幾分中國化，將來能如郎（世）寧，以洋畫法，寫中國畫，則其作品，必傳於永久。

— 〈臺展入選二三努力談　呂鼎鑄蔡雪溪諸氏是其一例〉《臺灣日日新報》夕刊4版，1929.11.14，
臺北：臺灣日日新報社

等待已久的臺展開放參觀的第一天，受惠於週末的秋高氣爽，到下午四點為止，已記錄有一千五百名的入場者。已被訂購的作品，除了鹽月氏的〔祭火〕，還有陳澄波氏的〔晚秋〕等，有八件之多。另外，販售中的臺展明信片，價格約二十圓。（李）

— 〈臺展第一日〉《臺灣日日新報》日刊7版，1929.11.17，臺北：臺灣日日新報社

---

78. 臺灣教育會編《第三回臺灣美術展覽會圖錄》頁30、63、64（西洋畫），1930.3.20，臺北：財團法人學租財團。

〔晚秋〕目前僅存黑白圖像。

約1929-1931年陳澄波攝於上海，其後畫作為〔清流〕。

　　陳澄波氏之〔西湖斷橋殘雪〕，亦帶有幾分東洋畫風，但陳澄波氏之所謂力作者，特選〔晚秋〕，惜乎南面之家屋過大，壓迫主觀點視線，而右方之草木，實欠□大。此種論法，對於名畫，或失於刻薄苛求。

　　　　——記者〈第三回臺展之我觀（中）〉《臺灣日日新報》夕刊4版，1929.11.17，臺北：臺灣日日新報社

　　陳澄波的〔晚秋〕，此類題材是對色彩配置有興趣的畫家執筆創作的直接動機，但作者似乎只陶醉在色彩之中，根本忽略了物象本身。不論是右邊的紅屋頂，還是其他房舍，這幅畫上描繪的屋舍，沒有一間有令人滿意的確切描寫，這究竟是怎麼回事？在陰影和向陽處的表現上，顏料的部分本來應該有所區別，若明暗不分，整個畫面塗滿蠕動的顏料，是絕對沒辦法勾勒出傑出作品的。疑似被枯草覆蓋的右邊的坡道或像是菜園的前面的綠色色塊或上方的樹葉，這些看到的都只是顏料的塗抹，無法辨識出描寫的是什麼。色彩方面的確搭配地非常優雅美麗，但光靠顏色或色調是絕對無法構成一幅畫的。若談到陳氏之作，反而是其他兩件作品，尤其是〔普陀山前寺〕更為出色。（李）

　　　　—〈島都の秋を飾る　臺灣美術展を見て（一）　總括的感想漸く曙光を認む（點綴島都之秋的臺灣美術展觀後感（一）　整體感想：曙光漸露）〉《新高新報》第9版，1929.11.25，臺北：新高新報社

　　西洋畫方面，高均鑑的〔朝之臺南運河〕、大橋洵的〔森林道路〕、李澤藩的〔初秋的城隍廟〕、石川欽一郎的〔新竹郊外〕、李梅樹的〔臺北病院之庭〕（這幅畫是李氏在病院看護因急病入院的兩位家人時，描寫病院庭院之作）、陳澄波的〔晚秋〕、廖繼春的〔市場〕、服部正夷的〔風景〕、鹽月桃甫的〔祭火〕、顏水龍的〔斜靠椅背的裸女〕、楊佐三郎的〔靜物〕、千田正弘的〔賣春婦〕、陳植棋的〔芭蕉園〕、任瑞堯的〔陽臺〕等等，皆有出色的表現，頗受好評。

　　其中尤以服部氏的〔風景〕，以散發一股文雅格調的理性繪畫之姿、千田氏的〔賣春婦〕以最

近在東都畫壇逐漸抬頭的普羅藝術之姿、此外，審查員鹽月氏的〔祭火〕以敦促人思考的作品之姿，深受觀眾的青睞，而陳澄波的特選〔晚秋〕則是會場中最出色的一幅。（李）

—K．Y生〈第三回臺展の盛況（第三回臺展盛況）〉《臺灣教育》第329號，頁95-100，1929.12.1，

臺北：財團法人臺灣教育會

・12月17日，裸女速寫於新華藝大。
・油畫〔太湖別墅〕、〔南海普陀山〕、〔朝陽洞〕、〔普陀山海水浴場一角〕、〔磐陀庵〕、〔法雨寺〕、〔風雨白浪〕、〔少年像〕、〔甕〕、〔普陀山群驢〕。

1929.12.17在新華藝大繪製的裸女速寫。

1930（昭和5年）　　36歲

・1月10日-2月20日，擔任藝苑繪畫研究所寒假補習班指導員。

西門林蔭路藝苑繪畫研究所，為國內研究藝術機關，通常設陳列館，有世界名作二十餘矣，□旅歐畫家在各國博物館摹寫攜歸者，以供藝人參考。近設寒假補習班，准本月十日開始，分人體實習、水彩實寫，以便各藝術學校放寒假後之補習。指導方面，有王濟遠、張辰伯、潘玉良、陳澄波等諸名家，並聞於今春□舉行藝術展覽會以促我國新藝之進展云。

—〈藝苑繪畫研究所近訊　▲冬季設寒假補習班　▲本月十日起二月二十日止〉《申報》第9版，1930.1.10，

上海：申報館

陳澄波收藏的《昌明藝術專科學校章程》，裡面記載他擔任藝術教育系西畫主任及西畫教授。

・1月，任昌明藝術專科學校藝術教育系西畫主任及西畫教授。[79]

新創昌明藝術專科學校，現已籌備妥定，校長王一亭、副校長吳東邁、教務長諸聞韻，內容分圖（國）畫系、藝術教育系[80]，各系主任及教授均屬當代名流。國畫系主任王啟之[81]，教授實習

---

79. 《昌明藝術專科學校章程》頁2、4，1930，上海：昌明藝術專科學校。
80. 根據《昌明藝術專科學校章程》（上海：昌明藝術專科學校，1930）第1頁「組織統系圖」及第6頁「昌明藝術專科學校暫行章程」顯示，昌明藝專設有三系，除國畫系、藝術教育系外，還有西畫系。
81. 王啟之即王賢，曾致贈水墨畫給陳澄波收藏。

如：商笙伯、呂選青、吳仲熊、薛飛白等，詩詞題跋如：馮君木、諸貞北（壯）、任菫叔等；藝術教育系圖（國）畫主任潘天授、西畫主任汪荻浪（陳澄波）[82]、音樂主任宋壽昌、手工主任姜丹書，教授如：陳澄波、陶晶[83]、仲子通、何明齋等。校舍在貝勒路蒲柏（望志）路口，設備完善。并聞有海上諸收藏家所藏名作更翻陳列校中，以資學者參考，而對於國學之詩詞、題跋、書法，尤有深切之研究云。

—〈昌明藝專籌備就緒〉《申報》第17版，1930.1.17，上海：申報館

昌明藝術專科學校國畫系之計劃，擬將該校所備平日為學者參考之古今名人書畫，先於開學期內，舉行展覽會，曾載前報。茲聞所聘藝教系各主任及教授如：潘天授、宋壽昌、汪荻浪、姜丹書、何明齋、陳澄波、仲子通、陶晶孫[84]、程品生等，於藝術教育深有研究，對於課程方面編制□密以養成能力充分之師資，目調查各中小學校藝術科實施狀況為參考加重理論，以革積弊，學生畢業後，該校並負介紹各地任相當教職云。

—〈昌明藝專藝教系之設施〉《申報》第11版，1930.2.19，上海：申報館

·2月16日，與金搯清至蘇州虎丘山寫生。
·2月24日，與堀越英之助、金搯清至蘇州虎丘山寫生。
·2月26日-3月14日，〔杭州風景〕入選第七回槐樹社展覽會於東京府美術館。[85]
·3月17日-4月14日，〔普陀山の普濟寺〕（普陀山之普濟寺）入選日本第二回聖德太子奉讚美術會。[86]

1930.2.24陳澄波（後排左）與堀越英之助（前）、金搯清（後排右）合影於蘇州虎丘山。

臺灣出身之美術洋畫家嘉義陳澄波氏，現就上海美術學校洋畫科主任，此番作品為浙江省南海普陀山，題目即〔普陀山之普濟寺〕，出品於聖德太子奉贊（讚）美術展覽會，其會乃戴久邇宮殿下，審查結果，陳氏得入選之光榮。聞此展覽會，其性質非隨便可以出品，須曾經二回[87]入選帝展，始有資格可以出品，尤須嚴選方得入選，陳氏洋畫可謂出乎其類矣，而久邇宮特賜以記念杯，陳氏可謂一身之光榮也。

—〈陳氏洋畫入選　受記念杯之光榮〉出處不詳，約1930.3

---

82. 根據《昌明藝術專科學校章程》第2頁「職員一覽表」顯示，藝術教育系西畫主任為陳澄波，汪荻浪則是西畫系主任。
83. 《昌明藝術專科學校章程》中並無陶晶擔任教授之記載。
84. 《昌明藝術專科學校章程》中並無陶晶孫擔任教授之記載。
85. 〈第七回槐樹社展覽會〉，收入青木茂監修、東京文化財研究所編纂《近代日本　アート・カタログ・コレクション　074　一九三〇協会／槐樹社　第1卷》折頁，2004.10.25，東京：株式会社ゆまに書房。
86. 東京文化財研究所美術部編〈聖德太子奉讚美術展　第2回〉《大正期美術展覽会出品目録》頁553-565，2002.6.30，東京：中央公論美術。
87. 另篇剪報〈藝術兩誌〉提及聖德太子奉讚美術展覽會之出品資格為曾入選帝展三回，兩種説法不同，尚待考證。

陳澄波氏名譽　現為上海美大西洋科主任之嘉義人陳澄波氏，其後更應王一亭氏之聘，兼任昌明藝大。陳氏作品，近更入選於東京聖德太子美術奉贊（讚）展覽會，同會每三年間開一次，此回為第二次。依第一回制度，非帝展入選三回[88]者，則無有出品資格，出品後更加審查銓衡決定入落，入選者可得受由久邇宮殿下下賜奉贊（讚）記念杯。陳氏出品為〔普陀山之普濟寺〕，其大為五十號云。

—〈藝術兩誌〉《臺灣日日新報》日刊4版，1930.4.3，，臺北：臺灣日日新報社

・4月10日，參加於西藏路寧波同鄉會舉行之王濟遠歐游誌別紀念繪畫展覽會。

畫家王濟遠舉行歐游誌別紀念繪畫展覽會，已於昨日上午九時，在西藏【路】寧波同鄉會開幕，（中略）其友人如陳抱一、潘玉良、陳澄波、金啟靜、鄧踊先、張辰伯、汪荻浪、柳演仁諸畫家，更有中委李石曾、浙教長陳布雷、名流葉譽虎等，均已購預約券，紛紛到會選定出品，同時有日本名畫家中川紀元氏、崛越英之助氏等蒞會，大加讚賞，盛稱王氏之藝術，當足開中華民國藝術之新紀元。聞會期尚有三日云。

—〈王濟遠個人畫展第一日〉《申報》第17版，1930.4.12，上海：申報館

今度王氏將自費出國赴歐，將其一年來之近作，於本月十一日至十四日，在西藏路寧波同鄉會舉行歐游誌別紀念展。余於開幕之前一日驅車先睹，大足驚人。蓋王氏之作風，迥異疇昔，粗細兼備，其豪邁處如萬馬之奔騰，其動人處如杜鵑之夜啼，令人留戀會場，不忍遽去。足見藝術感人之深，歸而紀之。

去年四月十日，為全國美展開幕之期，今年四月十日，為王氏個展公開之日。雖值雷電交作，時雨傾盆，而觀眾仍冒雨而往。余最喜其水彩速寫，及新穎的國畫，多半為其友人如：畫家陳抱一、潘玉良、陳澄波、金啟靜、柳演仁、汪荻浪、鄧芬、張辰伯，中委李石曾、浙教陳布雷、鄭萼邨、名流葉譽虎等，皆已標定王氏之作品。聞會中辦事人云，事前曾發售預約券，以故爭先購定，實亦倡導新藝術之好現象也。

—青口〈王濟遠歐游誌別畫展記〉《申報》第19版，1930.4.13，上海：申報館

・4月25-27日，參展第二回赤島社展於臺南公會堂。

臺灣島人西洋畫界錚錚者所組織赤島社，同人為美術運動起見，昨歲曾以作品，舉第一回展於臺北，者番訂月之二十五、六、七日三日間，假臺南市公會堂，開第二回展覽會，出品者倪蔣懷三、范洪甲六、陳澄波三、陳英聲三、陳承潘三、陳植棋三、陳惠（慧）坤三、張秋海三、廖繼春六、郭柏川六、楊佐三郎三、藍蔭鼎三，計四十五點，中有水彩畫數點，皆係最近得意之作云。

—〈臺灣赤島社　油水彩畫　在臺南公會堂〉《臺灣日日新報》日刊4版，1930.4.24，臺北：臺灣日日新報社

---

88. 另篇剪報〈陳氏洋畫入選　受記念杯之光榮〉提及聖德太子奉讚美術展覽會之出品資格為曾入選帝展二回，兩種說法不同，尚待考證。

　　臺灣人洋畫家所組織的赤島社，昨年在臺北開過展覽會以來，頗受藝術愛好者們歡迎。這回
又為臺灣藝術起見，決定自四月二十五日起三日間，要在臺南市公會堂開臺灣赤島社第二回洋
畫展覽會。出品約有四十五點，多是大型的洋畫。於四月二十三日下午四時，先在臺南公會堂樓
上，由該社招待各報社記者鑑賞批評，於二十五日即行公開，甚歡迎各界人士參觀云。

　　該社的會員為陳澄波、范洪甲、廖繼春、郭柏川、陳植棋、陳承潘、陳清汾、張秋海、陳慧
坤、李梅樹、何德來、楊佐三郎、藍蔭鼎、倪蔣懷、陳英聲諸氏，皆是臺灣產出的畫家，有入選
帝展、臺展者，對于臺灣藝術運動，頗有抱負云。

　　　　　—〈赤島社洋畫家　開洋畫展覽會〉《臺灣新民報》第7版，1930.4.29，臺北：株式會社臺灣新民報社

- 5月3日，與上海新華藝專師生在蘇州城外鐵鈴關寫生。
- 5月3日，炭筆素描〔坐姿裸女素描-30.5.3（30）〕於藝苑。
- 5月9-11日，第二回赤島社展移動展於臺灣總督府博物館，展出〔南海普陀山〕、〔狂風白浪〕、〔四谷風景〕。

1930.5.3蘇州城外鐵鈴關寫生照。中為陳澄波。王焱攝。

既報臺灣本島人一流少壯油畫家所組織之赤島社第二回展覽會，訂九、十、十一三日間，開於新
公園內博物館，歡迎一般往觀。前一日即八日下午三時半，招待出品者一閱，開試覽會，是日杉
本文教局長、及石川、鹽月兩畫伯□來會（中略）又□□□□，則就陳植棋氏之〔風景靜物〕，
陳澄波氏之〔南海普陀山〕、〔狂風白浪〕、〔四谷風景〕，楊佐三郎氏之〔庭〕、〔淡水風
景〕，藍蔭鼎氏之〔菊〕、〔裡町〕，張秋海氏之〔チユリツプ[89]裸婦〕、〔雪景〕、廖繼春氏
之〔讀書〕，郭柏川氏之〔臺南舊街〕、〔石膏靜物〕，范洪甲氏之〔□□〕、〔街〕，陳英聲
之〔河畔〕、〔大屯山〕，陳承潘氏之〔裸體〕，陳慧坤氏之〔風景靜物〕，各加以詳細評論。
歡談至五時半散會。附記是日出品目錄中有一部未到者，而陳清汾氏之作品，則云欲俟本人自歐
洲歸後，□一番□□展覽云。

　　—〈赤島社第二回賽會　八日下午先開試覽會〉《臺灣日日新報》夕刊4版，1930.5.10，臺北：臺灣日日新報社

在博物館觀賞了赤島社會員的第二回展，該社是由臺灣出身的美術家所組成，成員們皆擁有東京
美術學校或其他相關學歷。與第一回展相較，此次步調較一致，作品也似乎經過精挑細選。陳澄
波的三幅畫作，拿到哪裡參展都不會丟臉，只不過這個赤島社會員的所謂的命脈，在於「鄉土藝

89. 中譯為「鬱金香」。

術」。這個議題，端看會員們如何處理，如何應用，如何賦予其特色使之成為赤島社的招牌，而這也是決定這些會員們存在的關鍵。縱使模倣內地風的油畫，在臺灣也成不了氣候，所以如果無論如何都想在此地以油畫家安身立命的話，必須先將基調放在臺灣，再徹底表現出臺灣的色彩，這樣才有意義。以此點來看這次展覽的作品，廖繼春、楊佐三郎、陳植棋、張秋海、藍蔭鼎等人作品已迅速地往這個方向顯露頭角，諸君也已具備一些稱得上鄉土藝術家的特質。若能再將臺灣的色彩和情趣和特徵，不屈不撓、勤奮鑽研的話，赤島社的存在感將越來越強烈也越有意義，備受世人囑目，領導我們臺灣畫壇也指日可待。（鷗）[90]（李）

——鷗〈赤島社の畫展と鄉土藝術（赤島社的畫展與鄉土藝術）〉《臺灣日日新報》日刊8版，1930.5.14，臺北：臺灣日日新報社

陳澄波大致掌握到要點了。他是靠眼力而非靠腦力的人。將眼睛所見，單憑努力，寧可藉由不靈活的畫筆予以處理，其純真熠熠生光。（李）

——石川欽一郎〈第二回赤島社展感〉《臺灣日日新報》夕刊3版，1930.5.14，臺北：臺灣日日新報社

· 5月18日，至太湖黿頭渚寫生。
· 7月7日，擔任昌明藝術專科學校暑期補習班西畫教授。

昌明藝術專科學校暑期補習班，原定七月一日開學，茲因各地中小學教師函請展期，乃延至七日開學，聞各系教授均係當代藝術界名流，西畫方面有方幹民、汪荻浪、陳澄波、盧維治等，音樂方面有宋壽昌、仲子通、張桂卿等，中國畫方面有王一亭、諸聞韻、潘天授、吳

1930.5.18於太湖黿頭渚寫生時留影。

仲熊、呂選青、王个簃、諸樂三等，理論教授請任董叔、馮君木、姜丹書、何明齋等擔任。近來報名入學者，頗為踴躍云。

——〈昌明藝專暑校近訊〉《申報》第15版，1930.6.28，上海：申報館

· 7月，九段舞廳速寫。
· 7月18日，返臺，並搭夜車回嘉義。

上海美術學校洋畫部主任陳澄波氏，十八日歸來即乘同日夜行車，歸嘉義。

——〈人事〉《臺灣日日新報》夕刊4版，1930.7.20，臺北：臺灣日日新報社

90.「鷗」為此文作者的署名，《臺灣日日新報》編輯局長主筆（1923-1941）大澤貞吉的筆名「鷗汀生、鷗亭生、鷗亭」之略。

1930.7繪製之鉛筆速寫〔在九段的舞廳-30.7〕。　　　1930.8.15-17臺中公會堂個展展場一隅。

・夏，油畫〔裸女沉思〕。

・8月8日，訪林獻堂，請求資助臺中公會堂個展。

　新八月八日　舊閏六月十四日　金曜日　晴

　（前略）陳澄波來訪。

　　—許雪姬、何義麟主編《灌園先生日記（三）一九三〇年》頁263，2001.12，臺北：中央研究院臺灣史研究所

　　　　　　　　　　　　　　　　　　　　　　　　　　　　　　　籌備處、近代史研究所

　新八月九日　舊閏六月十五日　土曜日　晴

　（前略）昨日油畫家陳澄波亦來，言十五、十六、十七三日將在臺中公會堂開展覽，請余援助。

　昨日油畫家陳澄波亦來，言十五、十六、十七三日將在臺中公會堂開展覽，請余援助。

　　—許雪姬、何義麟主編《灌園先生日記（三）一九三〇年》頁264，2001.12，臺北：中央研究院臺灣史研究所

　　　　　　　　　　　　　　　　　　　　　　　　　　　　　　　籌備處、近代史研究所

・8月15-17日，個展於臺中公會堂，展出〔杭州風景〕（現名〔早春〕）、〔萬船朝江〕、
　〔廈門港〕、〔前寺〕[91]、〔綢坊之午後〕、〔夏日街景〕、〔四谷風景〕、〔風雨白
　浪〕、〔小公園〕等75件作品。[92]

　數入帝展之嘉義本島人洋畫家陳澄波氏之個人畫展，訂十六、十七兩日[93]間，開於臺中公會堂。

　聞臺中官紳及報界，皆盛為後援。出品點數油畫、水彩、素描、凡七十五點。內有入選帝展、

---

91. 此作當時亦有其他兩種畫題：1.名〔普濟寺〕刊於《美周》第11期，第1版，1929年；2.名〔普陀前寺〕刊於《紫羅蘭》第4卷第10期，頁1，1929年。
92. 目前無全部之展出作品清單，現有之展出作品係編者彙整剪報與展場照片而得。
93. 依據另篇剪報〈陳澄波氏の個人展　初日の盛況（陳澄波氏的個展　首日的盛況）〉及1930.8.9書寫之《灌園先生日記》，陳澄波個展日期應為15-17日。

受前總督上山滿之進所託前往達奇里溪繪製的〔東台灣臨海道路〕。

聖德太子展，臺灣展、朝鮮展、中華國立美術展等之作品，亦決定陳列，餘為東京近郊，及臺灣各地風景畫。陳氏近且受上山前總督，囑畫達奇里溪風景，云俟畫展終後即欲挺身太魯閣方面寫生，陳氏深引為光榮云。

—〈陳澄波氏畫展　十六十七兩日　在臺中公會堂〉《臺灣日日新報》夕刊4版，1930.8.16，

臺北：臺灣日日新報社

日前報導過的陳澄波氏的個人展覽會，於臺中公會堂開幕第一天，雖然地點有點不便，但由於久違的畫展以及陳氏在畫壇上的地位與名聲，個展相當受到歡迎。一大早來參觀的民眾便絡繹不絕，而帝展入選作品〔杭州風景〕[94]的大作由嘉義林文淡氏、〔萬船朝江〕由林垂珠氏、〔廈門港〕則由常見秀夫氏等購買的賣約也相繼成交，呈現大盛況。第二天的今天，十六日，又是週末，想必一定會更加的盛況空前。（李）

—〈陳澄波氏の個人展　初日の盛況（陳澄波氏的個展　首日的盛況）〉出處不詳，約1930.8.16

・8月24日，因受前總督上山滿之進之託描繪東海岸達奇里溪（今立霧溪）風景，而上臺北。8月25日，經蘇澳，赴達奇里溪寫生。9月，完成油畫〔東台灣臨海道路〕。

嘉義油畫家陳澄波氏，此回應上山前督之屬，二十四日上北，二十五日經蘇澳，赴東海岸達奇里溪實地寫真。

---

94. 1930年以前陳澄波共入選帝展三次，其中1929年的〔早春〕描繪的正是杭州西湖的風景，且依據個展照片〔早春〕確實有展出，故此處所寫之〔杭州風景〕應是指〔早春〕。

—〈人事〉《臺灣日日新報》夕刊4版，1930.8.26，臺北：臺灣日日新報社

歷代臺灣總督，退任離臺之時，由全島官民有志，為酬總督統治臺灣業績意味，並為永久紀念，贈呈金一封，是其前例。各總督，皆以之留在臺灣，設立財團，本其意思，為學資補助體育獎勵內臺融合等公共事業，有利利用之。而前總督上山滿之進氏退任之時，亦由官民有志，贈呈紀念金一萬三千圓，由同氏發送對此之感謝狀之事，記憶尚新，但氏自受贈該紀念金以來，對如何使用，為臺灣有效，夙在考慮中。至數月前，其使用方法，始見決定，通知臺北帝大總長幣原坦，囑為使用該金，其方法，為向來之刊行物中，臺灣蕃界事情，尚未詳細，臺灣建設最高學府帝國大學之今日，尚如此，為臺灣文化，實屬遺憾也。爰欲於此時，精細查此研究，將其材料，印刷為刊行物，於臺灣文化史上，最有意義，乃囑臺北帝大各專門家，調查蕃界事情，使之研究，而其費用，則欲將該紀念金，全部提供。對此，幣原總長，受上山總督好意，製成□此調查要目並豫算書，於日前送往上山總督之手，依此，該紀念金，殆全部使用，分蕃界即高砂族歷史、傳統習慣、言語、傳說、土俗等諸部門，按至昭和八年三月完成，屆期為刊行物發表之時，與向來之紀念基金，全然相異，為不滅之紀念物，自勿待言，且可為後世臺灣文化史研究者參考。右紀念事業外，上山前總督，為自己將來之記憶，及後世子孫之記念，欲繪畫臺灣風景，揭在自己居室，此等費用，由記念金中支出。然若為蕃界調查費，已無餘裕之時，則欲以私財行之，金額按一千圓，詮（銓）衡結果，決依囑本島洋畫家陳澄波氏，風景場所，候補地數個所之中，決定描寫東海岸之達奇利海岸世界的大斷崖。陳氏目下在上海美術學校，執教鞭，引為光榮快諾，不遠將歸臺，檢分描寫地之實地云云。

—〈上山前總督記念金　為研究高砂族　決定全部提供〉《臺灣日日新報》日刊4版，1930.10.16，臺北：臺灣日日新報社

貴族院議員上山滿之進辭去臺灣總督之時的意志，於五年後的今天，化為一份近期由臺北帝大發刊的珍貴文獻《臺灣高砂族的系統》及《語言》，實在令人高興——昭和三年六月上山辭官時，臺灣官民的有心人士致贈現金一萬三千圓以取代紀念品，這類款項向來多用來成立財團法人，但上山希望將這筆費用使用在更有意義的地方，又因對生蕃的研究一直非常關心，故將一萬三千圓撥出一萬二千圓給臺北帝大作為蕃族研究費之用，剩下的一千圓則委託東京美術學校畢業的臺人畫家陳澄波繪製「東海岸風景」，並將之視為臺灣官民的美意，懸掛於自宅內欣賞。（李）

—〈台灣蕃族調查に　不朽の文獻　上山元總督が投出した資金で　台北帝大が研究（為臺灣蕃族調查　留下不朽的文獻　上山前總督投注資金　由臺北帝大負責研究）〉《東京朝日新聞》朝刊3版，1933.10.15，東京：朝日新聞東京本社

・9月，油畫〔祖母像〕。

1930年秋上海藝術界同人歡宴汪亞塵先生伉儷於藝苑攝影。二排右三、右四為汪亞塵及其夫人榮君立；四排右四為陳澄波。

〔蘇州虎丘山〕獲第四回臺展無鑑查展出。

· 夏，接家人到上海同住。[95]

· 10月25日-11月3日，〔普陀山の海水浴場〕（普陀山海水浴場）（無鑑查）、〔蘇州の虎丘山〕（蘇州虎丘山）（無鑑查）入選第四回臺展於總督府舊廳舍。[96]

第四回臺灣美術展覽會出品物收件受理從十五日上午九點開始，（中略）到下午四點為止，總計有二百七十五件，其中一百號的大作高達八件，盛況空前。上一回榮獲特選（今年無鑑查）的任瑞堯有一百號兩件、陳澄波除了一件一百號之外還有兩件的出品等等。（李）

——〈臺展の搬入　出品數昨年より增加　兩部とも大作多し（臺展收件　出品件數較去年增加　兩個部門均多大型作品）〉《臺南新報》日刊7版，1930.10.16，臺南：臺南新報社

陳氏的〔蘇州虎丘山〕是非常有趣的試作。樹葉落盡的古寺的樹林、刮著乾風般的灰色天空中，急於歸巢的鴉群，這些描寫都令人不禁想起支那的蘇州。陳澄波在此畫中表現了支那水墨畫的氣氛。當其他畫作都在追求西洋風格的油畫時，陳氏的此種嘗試與努力，值得注目。（李）

——N生記〈臺展を觀る（五）（臺展觀後記（五））〉《臺灣日日新報》日刊6版，1930.10.31，臺北：臺灣日日新報社

第四室，陳澄波的〔蘇州虎丘山〕具有晦澀感的東方特色，但前方的草叢，稍嫌欠缺諧調。山田新吉的〔裸女〕雖是小品，但色彩表現佳，是一幅傑出的作品，若要挑剔的話，臉和手的描寫似乎有些過頭，應該努力透過線條和色彩來表現整體感才對。其他如小田部三平的〔植物園小

---

95. 目前不清楚陳澄波一家至上海之確切日期，但根據〈1930年7-9月外國旅券下付表〉（T1011_03_126）（「臺灣總督府旅券下付及返納表」（T1011），中研院臺史所臺灣史檔案資源系統），其中所載陳澄波一家至上海之旅券發放日期為8月15日，又根據剪報記載8月25日陳澄波尚在花蓮達奇里溪寫生，而9月完成油畫〔東台灣臨海道路〕與〔祖母像〕，故研判陳澄波一家至上海之日期可能在9月或之後。
96. 財團法人學租財團編《第四回臺灣美術展覽會圖錄》頁72、85（西洋畫），1931.2.28，臺北：財團法人學租財團。

景〕及服部正夷的〔花〕等等,雖都是小品,但皆佳作。

第五室裡,桑野龍吉的〔碼頭〕和陳澄波的〔普陀山海水浴場〕,看起來熠熠生光。(李)

——Y生〈第四回臺展を見て(第四回臺展觀後感)〉《臺灣教育》第340號,頁112-115,1930.11.1,

臺北:財團法人臺灣教育會

在第四室展出的陳澄波〔蘇州虎丘山〕,具有不被動搖的沉穩態度,比陳植棋的作品更有深度。(李)

——批評家(投)〈臺展を考察す(下)(考察臺展(下))〉《臺灣日日新報》夕刊3版,1930.11.7,

臺北:臺灣日日新報社

· 11月15日,裸女速寫於藝苑。

· 11月16日,法正大學速寫。

· 11月21日,法國公園一隅速寫。

· 12月8日,速寫長子重光於上海。

· 12月22日-1931年2月2日,擔任藝苑繪畫研究所寒假補習班指導者。

本市藝苑繪畫研究所為便利有志藝術者研究起見,議決自本月二十二日起至二月二號止,開辦寒假補習班,內分人體、石膏、靜物、水彩,各科指導者為汪亞塵、潘玉良、柳演仁、王遠勃、邱代明、鐘獨清、張辰伯、朱屺瞻、陳澄波、榮君立、唐雋、金啟靜等諸大畫家輪流負責。

——〈藝苑繪畫研究所開寒假班　▲十三日下午二時華林公開演講〉《申報》第10版,1930.12.12,

上海:申報館

1930.12.8繪製之長子重光速寫。

· 油畫〔上海路橋〕、〔夏日湖畔〕、〔蘇州公園〕、〔江南春色〕、〔板橋林家〕、〔臨海道路〕、〔玫瑰花園〕、〔綠瓶花卉〕。

1931(昭和6年)　37歲

· 1月25日,參與東京美術學校正木直彥校長歡迎宴會於上海覺園佛教淨社。

昨日正午,日本東京美專校畢業在滬同學江小鶼、陳抱一、汪亞塵、王道源、許建(達)、陳澄

波諸氏、及上海新華藝專校代表俞寄凡氏、爛漫社代表張善孖氏、藝苑代表金啟靜女士發起假覺園佛敎淨社，宴請最近來滬游歷之東京美專校長正木直彥氏及其公子與畫家渡邊晨畝氏等，與會者有日本代理公使重光葵、與堺與三吉、飯島、宋里玫吉、及王一亭、狄平子、張聿光、王陶民、錢瘦鐵、汪英賓、李祖韓、馬孟容、榮君立、李秋君、魯少飛諸氏等，海上畫家聚首一堂，賓主盡歡，并攝影而散。

—〈中日名畫家之宴會　▲參加者有重光葵等〉《申報》第15版，1931.1.26，上海：申報館

接下來要說的是，先前一月二十五日，招待母校校長正木老師的事。聽到正木老師要來中國，我們都高興的不得了！作為汪亞塵（西洋畫畢業）從東京美術學校畢業的代表，帶正木老師去參觀杭州的西湖。老師在當地停留了三、四天，就近欣賞具有千年以上歷史的各個佛寺的雕刻和名畫，一月二十三日下午回到上海來。一月二十五日，還勉強忙碌的正木老師吃簡單的素食宴。因為我們想老師是非常虔誠的佛教徒，所以就在寺廟的覺林中招待了老師。由六位從美術學校畢業的學生當發起人，得到上海美術研究團體的支持，當天共有三十名的現代知名畫家和美術相關人士參加，隆重地招待老師。（中略）

當天，日本方面來參加的有正木老師、正木公子（老師兒子）、總領事重光。【中國方面】有國畫家王一亭、張大千、李秋君、馬望（孟）容、西洋畫家陳抱一、王道源、汪亞塵、江小鶼（鶼）、黃（許）達、陳澄波等。另外一頁的照片是當天老師招待會上拍的相片。

老師說好像要到吳州三、四天，月底並到南京去。到回國之前，還有好幾天。中日聯展中我們西洋畫可以參加的話也是很好的事，但什麼時候才可以實現呢？這需要我們好好努力吧！但好像只有西洋畫被排除了的感覺。有關正木老師的狀況，大概因為天氣的變化快速而咳了起來。但是老師在南京的時候我常常去拜訪，他依然精神很好。當天最傷腦筋的是我，因為我得了流行性感冒，高燒三十八度，但還是忍耐著和老師一起吃了飯。

—〈在上海陳澄波氏より師範科教官室宛（陳澄波從上海寄至師範科教官室）〉《東京美術學校校友會月報》第29卷第8號，頁18-19，1931.3，東京：東京美術學校，收入吉田千鶴子／文、石垣美幸／翻譯〈陳澄波與東京美術學校的教育〉《檔案·顯像·新視界——陳澄波文物資料特展暨學術論壇論文集》頁21-25，2011.12.7，嘉義：嘉義市政府文化局

・2月，辭去新華藝專西洋畫科主任的職務。

這學期開始辭去親（新）華藝術大學西洋畫科主任的工作，想再唸一點書。並為了辭去【昌】明美校師範科[97]主任的工作而進行交涉，對責任重大又繁忙的工作感到很分身乏術，我下定決心如果可以的話，盡量做個一般的老師，有充裕的時間用來讀書。今後也請從各方面多多給予指導。（下略）二月三日

---

97. 根據《昌明藝術專科學校章程》（上海：昌明藝術專科學校，1930）頁3「職員一覽表」顯示，陳澄波擔任的是藝術教育系西畫主任，此處的師範科可能指的是藝術教育系。

—〈在上海陳澄波氏より師範科教官室宛（陳澄波從上海寄至師範科教官室）〉《東京美術學校校友會月報》

第29卷第8號，頁18-19，1931.3，東京：東京美術學校，收入吉田千鶴子／文、石垣美幸／翻譯〈陳澄波與東

京美術學校的教育〉《檔案・顯像・新視界——陳澄波文物資料特展暨學術論壇論文集》頁21-25，

2011.12.7，嘉義：嘉義市政府文化局

· 3月8日，參展上海新華藝專繪畫展覽會於新世界飯店禮堂。

上海打浦橋新華藝專，昨日借新世界飯店禮堂舉行繪畫展覽會，計有國畫一百餘件、洋畫六七十

件。國畫如馬孟容之鷦鷯杜鵑，彩墨神韻，精妙絕倫；張大千之荷花，筆力扛鼎；張善孖之虎

馬，生氣勃然；張聿光之荷花，清□生動；馬駘之人物，工細有致，均為名貴之作。洋畫如吳恒

勤之仿法國名畫，精細絕妙；汪亞塵之水彩，以少勝多；邵（邱）代明之粉畫，別□韻致；陳澄

波、張辰伯之畫像，神趣盎然，皆為洋畫界之名手。展覽二日，觀者達二三千人之譜。

—〈新華畫展消息〉《申報》第12版，1931.3.9，

上海：申報館

· 3月15日-4月4日，作品〔町堀のある風景（上海市外）〕（有護城河的風景（上海市外））

參展第八回槐樹社展覽會於東京府美術館。[98]

· 3月，油畫〔人體〕。

· 4月3日，油畫〔人體〕參展上海藝苑第二屆美術展覽會於明復圖書館。[99]

藝苑曾於十八年八月開第一屆展覽會，其主旨在美化民眾，此次由創辦人李秋君、朱屺瞻、王濟

遠、江小鶼，潘玉良、張辰伯、金啟靜等，徵集海上中西名家王一亭、吳湖帆、黃賓虹、張聿

光、張善孖、張大千、汪亞塵、王遠勃、吳恒勤、徐悲鴻、李毅士、顏文樑、陳澄波、孫思灝等

之近作三百餘件，假亞爾培路五三三號明復圖書館開第二屆美術展覽會，公開展覽，不用入場

藝苑第二屆美術展覽會於明復圖書館舉辦。（圖片提供／李超）

1931年藝苑繪畫研究所師生合影。前排右起為魯少飛、王濟遠、潘玉良；後排右四為陳澄波，其後為油畫〔紅襪裸女〕。（圖片提供／李超）

98.〈第八回槐樹社展覽會出陳目錄〉《美術新論》第6卷第4號（東京，1931.4），頁186-192，收入青木茂監修、東京文化財研究所編纂《近代日本　アート・
カタログ・コレクション　074　一九三〇協会／槐樹社　第1卷》頁80-86，2004.10.25，東京：株式会社ゆまに書房。
99.《藝苑第二輯》頁48，1931.8.10，上海：文華美術圖書印刷公司。

券。昨為第三日，參觀者絡繹不絕，大有戶限為穿之勢云。

—〈藝苑二屆美展第三日〉《申報》第14版，1931.4.6，上海：申報館

· 4月3-5日，〔上海郊外〕、〔男の像〕（男之像）等五件，參展第三回赤島社展於總督府舊廳舍。

　　網羅本島畫家中新秀的赤島社，從四月三日起共三天，在舊廳舍陳列會員十三名的習作六十一件，讓大眾觀賞。雖說是習作，但不僅充滿朝氣的臺展西洋畫部中堅作家共聚一堂，也可看到一個跡象，即，不同於官展，會員各自自由地揮灑彩筆，向世人展現其價值的氣概，誠然是一個愉快的展覽。

　　首先在第一室映入眼簾的是，陳澄波氏從上海送來的五件油畫。題為〔上海郊外〕的作品，是一幅漂浮著戎克船（Junk）的河流從畫布（canvas）的右上往下流的大型作品，□□構圖雖然也很有趣，但陳氏獨特的黏稠筆法，在題為〔男之像〕的自畫像上最為活躍。（李）

—〈愈よけふから　赤島展開く　◇……各室一巡記（本日起　赤島展開放參觀　各室一巡記）〉
《臺灣日日新報》日刊7版，1931.4.3，臺北：臺灣日日新報社

· 4月11-13日，第三回赤島社展移動展於臺中公會堂。

赤島社第三回洋畫展覽會訂來三日起三日間，開于臺北舊廳舍。續于十一日起三日間，開于臺中公會堂。□二十五日起三日間，開於臺南公會堂。

—〈赤島社第三回洋畫展覽〉《臺灣日日新報》日刊4版，1931.4.1，臺北：臺灣日日新報社

· 4月25-27日，第三回赤島社展移動展於臺南公會堂。

島人新進畫家組織赤島社，即藍蔭鼎、倪蔣懷、范洪甲、陳澄波、陳英聲、陳慧坤、張秋海、李梅樹、廖繼春、郭伯川、何德來、楊佐三郎諸氏作品，去二十五日起向後三日間，假臺南公會堂開展覽會云。

—〈洋畫展覽〉《臺灣日日新報》夕刊4版，1931.4.28，臺北：臺灣日日新報社

· 4月，油畫〔廟前〕。
· 6月14日，林蔭小學演劇速寫。
· 6月，油畫〔半身裸女〕。
· 7月21日，太湖速寫。
· 8月10日，太湖黿頭渚速寫。
· 8月12日，與廈門美專黃蓮汀於太湖黿頭渚、蒼山灣等地作畫。
· 8月13日，太湖黿頭渚、寄暢園、惠山等地速寫。

1931.6.14林蔭小學演劇速寫。

1931.8.10繪製之鉛筆速寫〔黿頭渚-SB09：31.8.10〕。

1931.8.12陳澄波（坐者）與廈門美專黃蓮汀作畫於太湖黿頭渚。

嘉義洋畫家陳澄波君，自上海來信，言利用暑季休暇，自無錫乘舟，抵太湖黿頭嶼，寓齊眉館，凡三星期間，得畫十枚，將擇二三，出品於今秋之帝展及臺展。

—〈人事〉《臺灣日日新報》夕刊4版，1931.9.11，臺北：臺灣日日新報社

◆9月18日，九一八事變（滿州事變）。

・9月23日，與倪貽德、龐薰琹、周多、曾志良在上海梅園酒樓召開「決瀾社」第一次會務會議。

　　薰琴（琹）自××畫會會員星散沒，蟄居滬上年餘，觀夫今日中國藝術界精神之頹廢，與中國文化之日趨墮落，輒深自痛心；但自知識淺力薄，傾一已（己）之力，不足以稍挽頹風，乃思集合數同志，互相討究，一力求自我之進步，二集數人之力或能有所貢獻於世人，此組織決瀾社之原由也。

　　二十年夏倪貽德君自武昌來滬，余與倪君談及組織畫會事，倪君告我渠亦久蓄此意，乃草就簡章，並從事徵集會員焉。

　　是年九月二十三日舉行初次會務會議於梅園酒樓，到陳澄波君、周多君、曾志良君、倪貽德君與余五人，議決定名為決瀾社，并議決於民國二十一年一月一日在滬舉行畫展；卒因東北事起，各人心緒紛亂與經濟拮据，未能實現一切計劃。

—龐薰琹〈決瀾社小史〉《藝術旬刊》第1卷第5期，頁9，1932.10

・10月25日-11月3日，〔蘇州可園〕入選第五回臺展於總督府舊廳舍（西洋畫）。[100]

---

100. 財團法人學租財團編《第五回臺灣美術展覽會圖錄》頁24（西洋畫），1931.12.21，臺北：財團法人學租財團。

〔蘇州可園〕現僅存黑白圖檔。

油畫〔我的家庭〕。

陳澄波的〔蘇州可園〕，並非純寫實，而是帶有幾分裝飾效果及晦澀感的畫作，雖是小品，卻是一幅傑作。（李）

　　—K‧Y生〈第五回臺展を見て（第五回臺展觀後感）〉《臺灣教育》第352號，頁126-130，1931.11.1，

臺北：財團法人臺灣教育會

陳澄波之〔蘇州可園〕，宛然若以草畫筆意為之，而著眼則在於色之表現。

　　——記者〈第五回臺展我觀（下）〉《臺灣日日新報》日刊4版，1931.10.26，臺北：臺灣日日新報社

‧10-12月，繪製多張淡彩速寫。

‧11月7日，三女白梅（1931-2012）出生。[101]

‧油畫〔五里湖〕、〔上海雪景〕、〔叉腰裸女〕、〔裸婦〕、〔我的家庭〕、〔小弟弟〕、〔女人〕。

1932（昭和7年）　　38歲

‧1月6日，參與決瀾社第二次會務會議。

本年一月六日舉行第二次會務會議，出席者有梁白波女士、段平右（佑）君、陳澄波君、陽太陽君、楊秋人君、曾志良君、周糜君、鄧云梯君、周多君、王濟遠君、倪貽德君與余共十二人，議決事項為：一修改簡章，二關於第一次展覽會事，決于四月中舉行，三選舉理事，龐薰琴（琹）、王濟遠、倪貽德三人當選。一月二十八日日軍侵滬，四月中舉行畫展之議案又成為泡影。

　　—龐薰琹〈決瀾社小史〉《藝術旬刊》第1卷第5期，頁9，1932.10

‧1月，繪製多張淡彩速寫。

---

101. 參閱「1933年寄留申請」，收入《陳澄波全集第六卷：個人史料（I）》頁83。

・1月28日，上海一二八事變發生之後，帶著全家前往法租界避難，之後由張捷先帶小孩回臺灣。[102]

・2月13日，遭傳於上海身故。

嘉義出身的西畫界權威陳澄波畫伯，應上海的中（新）華藝術大學的聘任，於前年八月偕妻小至上海，在該大學執教，不料卻傳來於本月四、五日左右在上海身故的不幸消息。死因據說是因預測到一二八事變，為避難在乘船之際失足墜落海中，另有一說是陳氏因近來飽受經濟上的壓迫，對前途產生悲觀，導致跳海輕生。然而，因時勢所限，目前無法向上海方面取證，又無任何來自陳氏本身的音信，實無法辨別傳聞的真偽。總之，陳氏的生死，除了其親戚之外，一般友人以及本島藝術界也非常的關心。【嘉義電話】（李）

——〈陳澄波畫伯　上海で變死の報　避難中海中に墜落？　前途を悲觀し自殺？（陳澄波畫伯　在上海橫死之報避難中失足墜海？　因前途悲觀而自殺？）〉《臺南新報》夕刊2版，1932.2.13，臺南：臺南新報社

・2月17日，託友人帶書信回家，說明人在上海平安無事，並請家人寄旅費以便回臺。

嘉義出身的陳澄波畫伯之前被謠傳在上海橫死，除了親朋好友，畫界人士也非常擔心其安否，但十七日傳來快報說陳氏人還在上海平安無事，大家才愁眉頓開。陳氏自上海事件[103]發生以來，就帶著家人在上海法國租界太平橋平濟利道實安坊第1號程門雪宅避難，因事變阻隔了通信，導致橫死傳聞蔓延。偶然滯留在上海的臺南市本町四丁目二〇二番地劉俊□，環遊長崎，回臺之際受託帶回陳氏的書信，劉氏將此信於十七日交給了陳氏之弟陳新彫，信上除了描述避難的狀況及上海該地非常危險之外，也要求速寄旅費二百圓，以便回臺。陳氏家人非常高興聽到其生存消息，正急忙透過臺銀嘉義支店，安排以電報匯票的方式寄錢中。（李）

——〈變死を傳へられた　陳澄波畫伯は無事　佛租界內知人宅に避難　二百圓の旅費送附を受け近く歸臺（被謠傳橫死的陳澄波畫伯平安無事　在法國租界內熟人家避難　收二百圓旅費匯款　近日返臺）〉

《臺南新報》日刊7版，1932.2.18，臺南：臺南新報社

・3月，油畫〔坐姿裸女右拳擱腿上〕。

・4-5月，繪製多張淡彩速寫。

・5月3日，祖母林寶珠91歲生日。

嘉義畫家陳澄波氏之祖母陳林氏寶珠，去三日為期九十晉一之辰，陳氏外避不在中，諸事以其弟新朝君辦理招待官民戚友云。

——〈人事〉《臺灣日日新報》夕刊4版，1932.5.5，臺北：臺灣日日新報社

・6月5日，自船上遠眺上海吳淞速寫。

---

102. 張炎憲、高淑媛採訪，高淑媛記錄〈陳澄波（畫家、市參議員，死難者）第一部分〉《嘉義驛前二二八》頁157-173，1995.2，臺北：財團法人吳三連臺灣史料基金會。
103. 即一二八事變。

1932.1淡彩〔人物-32.1（4）〕。

1932.3油畫〔坐姿裸女右拳擱腿上〕。

・6月11日，廈門中山公園速寫。

・6月13日，廈門港、廈門大學、虎頭山、鼓浪嶼等地速寫。

・6月15日，返臺。

　　嘉義洋畫家陳澄波氏，為接其夫人病□電□，十五日歸自上海，經臺北招車南下歸宅。

　　　　　　　　　　　　—〈人事〉《臺灣日日新報》夕刊4版，1932.6.16，臺北：臺灣日日新報社

1932.6.13於鼓浪嶼之速寫。

1932.6.17回臺後至病房所繪之速寫。

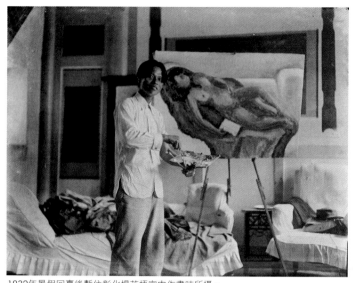

1932年暑假回臺後暫住彰化楊英梧家中作畫時所攝。

1932.8.14陳澄波先生（二排左五）謝恩會。後為油畫作品〔田園〕。

・6月17日，嘉義病房人像速寫。

・7月8日，嘉義街景速寫。

・7月12日，臺中公園速寫。

・7月15日，臺中市初音橋、臺中公園速寫。

・7月15-25日，擔任臺中洋畫講習會講師。

洋畫家陳澄波氏擔任講師的臺中洋畫講習會，從七月十五日至二十五日為止，在臺中新富町二之
三十六舉辦。講習時間從每天上午八點至十一點、下午二點至六點，會員限二十名，也會為從地
方來的人準備宿舍，會費三圓，但上午和下午都參加講習者，則是五圓。（李）

　　　　——〈陳澄波氏が臺中て　洋畫講習會（陳澄波氏在臺中　洋畫講習會）〉《臺灣日日新報》日刊3版，

1932.7.15，臺北：臺灣日日新報社

・7月17日，率畫家十餘人遊萊園。

新七月十七日　舊六月十四日　日曜日　晴／雨

（前略）嘉義陳清（澄）波卒（率）畫家十餘人來遊萊園。

　　　　——許雪姬、周婉窈主編《灌園先生日記（五）一九三二年》頁291，2003.7，

臺北：中央研究院臺灣史研究所籌備處、近代史研究所

・7月19日，臺中水心亭速寫。

・7月27日，嘉義街景、嘉義郊外速寫。

・8月21日，水上庄入口速寫。

・9月7-8日，臺南關子嶺速寫。

・9月13日，臺中跳舞場人物速寫。

・9月14日，由石排（牌）坑遠眺臺中市、遠望九十九峰、楊家農場、腳白寮等地速寫。

1932.9.13在臺中跳舞場所畫之人物速寫。　1932.9.19年於所畫之白崩坎速寫。

· 9月15日，臺中貓羅溪、遠眺新高山、往梧棲途中等地速寫。
· 9月19日，關子嶺山岳、山間小屋、嘉義平野、白崩坎等地速寫。
· 9月，油畫〔八月城隍祭典〕。
· 10月25日-11月3日，〔松邨夕照〕入選第六回臺展於臺灣教育會館。[104]

　　陳澄波氏之〔松村夕照〕，宜改為榕村夕照，此種八景的之命名，亦惟君久居申江，習染漢學而始能者。

　　　　　——記者〈臺展會場之一瞥（下）　東洋畫依然不脫洋化　而西洋畫則漸近東洋〉《臺灣日日新報》

　　　　　　　　　　　　　　　　　日刊8版，1932.10.25，臺北：臺灣日日新報社

　　從上海回來故鄉臺灣的畫家陳澄坡（波）氏，在其彰化街臨時畫室，對採訪他的記者做了如下的感想：

　　暑假回臺後，應英梧兄之好意，將其客廳作為我的臨時畫室使用。因此，誠如所見，我每天可隨心所欲地盡情創作。我所不斷嘗試以及極力想表現的是，自然和物體形象的存在，這是第一點。將投射於腦裏的影像，反覆推敲與重新精煉後，捕捉值得描寫的瞬間，這是第二點。第三點就是作品必須具有Something。以上是我的作畫態度。還有，就作畫風格而言，雖然我們所使用的新式顏料是舶來品，但題材本身，不，應該說畫本身非東洋式不可。另外，世界文化的中心雖然是在莫斯科（Moscow），我想我們也應盡一己微薄之力，將文化落實於東洋。就算在貫徹目標的途中不幸罹難，也要讓後世的人知道我們的想法。至於入選帝展的事，連我自己都覺得成名過早，感到有點後悔。如果能再將學習階段延長一些的話，或許就能脫離現狀，更臻完美。作品嗎？目前完成的有〔松邨夕照〕（十五號）、〔驟雨之前〕（二十號）、〔公園〕（十五號）的三件作品。現在正在畫裸婦。這是此次回臺的意外收穫。臺中的一名臺灣女性，自告奮勇地接下了模特兒（model）之

104. 財團法人學租財團編《第六回臺灣美術展覽會圖錄》頁6（西洋畫），1932.12.20，臺北：財團法人學租財團。

1932年油畫〔松邨夕照〕。

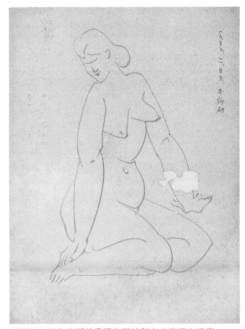

1932.11.26在本鄉繪畫研究所繪製之坐姿裸女速寫。

職。證明臺灣女性也對藝術有了覺醒與贊同。至於是否以此參加臺展,目前尚未決定。

以上為其談話。(李)

—〈アトリエ巡り(十) 裸婦を描く 陳澄坡(波)〉(畫室巡禮(十) 描繪裸婦 陳澄波)〉《臺灣新民報》約1932,臺北:株式會社臺灣新民報社

・11月,濁水溪、二水速寫。

・11月,至東京參觀帝展。

嘉義畫家陳澄波氏來北,云參觀臺展後,□上京參觀帝展。

—〈人事〉《臺灣日日新報》夕刊4版,1932.11.5,臺北:臺灣日日新報社

紫薇、碧女我兒呀:

我到了東京就生病了,因為天氣太冷!

在這裡睡了五、六天了,不要緊,比前天好的(得)很,請大家放心吧!再兩三天後,病好一點,即往京都看看帝展。十二月初三、四號回去,請妳們好【好】用功嗎!再會!!

陳澄波

十一月廿七日

—1932.11.27陳澄波致陳紫薇、陳碧女明信片

・11月26日,裸女速寫於日本本鄉繪畫研究所。

・油畫〔廟苑〕、〔臺灣農家〕、〔戲水〕、〔樓房〕、〔水畔臥姿裸女〕、〔林中戲水裸女〕、〔陽台遙望裸女〕、〔少女舞姿〕。

1933（昭和8年）　39歲

- 1月，油畫〔戰災（商務印書館正面）〕。
- 3月，與友人合影於新華藝專。
- 5月3日，浙江杭州龍井、西湖速寫。
- 5月7日，浙江長安站、紹興等地速寫。
- 5月17日，江蘇省南通市狼山速寫。
- 5月20日，民眾教育館速寫。
- 5月21日，狼山支雲塔速寫。
- 5月24日，狼山、南通至天生港沿途速寫。
- 5月25日，米（美國）兵艦、外白渡橋速寫。
- 5月27日，上海、楊樹浦速寫。
- 5月29日，神戶港與人物速寫。
- 5月31日，神戶港、瀨戶內海速寫。
- 6月6日，返臺定居。

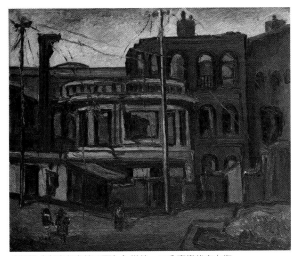

〔戰災（商務印書館正面）〕描繪一二八事變後之上海。

1933年3月陳澄波（二排右三）與友人合影於新華藝專內。

1933.5.21至江蘇南通所畫之狼山塔速寫。

1933.5.31繪製之瀨戶內海速寫。

1933.8.15繪製的風景速寫為油畫〔嘉義中央噴水池〕的草稿。

1933年油畫〔嘉義中央噴水池〕。

嘉義洋畫家，陳澄波氏，以其家族，病急還臺。

　　　　　　　　　　　　　　—〈人事〉《臺灣日日新報》夕刊4版，1933.6.6，臺北：臺灣日日新報社

- 8月7日，嘉義公園速寫。
- 8月14日，嘉義紅毛埤速寫。
- 8月15日，嘉義街景速寫。
- 8月20日，嘉義北社尾速寫。
- 9月20-24日，參與為城隍祭典舉行的書畫展覽會，展出上海各地名勝作品約七十件。

　　嘉義綏靖候城隍第二十六回祭典，如所豫報，去二十日朝六時，嚴肅舉行。定刻前煙火三發，同地官民二百餘名參集，（中略）嘉義商業協會及商公會所主僅（催），特產品展覽會，秋季移動市大廉賣，及新古書畫展覽會，自是日起在元（原）女子公學校開會，按主催五日間，每日午前八時開會，午後九時閉會。（中略）書畫展覽會，有新古名人作品二百餘點，內陳澄波氏作品上海各地名勝約七十點。

　　　　—〈嘉義城隍祭典詳報　市內官紳多數參拜　開特產品廉賣書畫展覽　各街點燈阿里山線降價〉《臺灣日日新報》夕刊4版，1933.9.22，臺北：臺灣日日新報社

- 9月22日，淡彩〔城隍祭典餘興-33.9.22〕。
- 10月3日，祖母林寶珠逝世，並於15日舉辦告別式。[105]
- 10月26日-11月14日，〔西湖春色〕（現名〔西湖春色（一）〕）入選第七回臺展於臺灣教育會館。[106]

　　被聘為上海新華藝術專科學校西洋畫科主任，在對岸得到充分發揮的陳澄波，最近在家鄉嘉義畫了不少作品。這次參展臺展的作品，似乎是今年春天在西湖畫的〔西湖春色〕（五十號）。這是一幅很能忠實表現當時西湖春天氣息的作品。（李）

---

105. 參閱1933.10.15林寶珠告別式照片之背後文字與弔詞。
106. 臺灣教育會編《第七回臺灣美術展覽會圖錄》頁21（西洋畫），1934.2.15，臺北：財團法人學租財團。

陳澄波與〔西湖春色〕（現名〔西湖春色（一）〕）合影。

—〈アトリヱ巡り（十四）（畫室巡禮（十四））〉《臺灣新民報》約1933，臺北：株式會社臺灣新民報社

陳澄波氏〔西湖春色〕，活潑生動，不失傑作。

—〈臺展一瞥　東洋畫筆致勝　西洋畫神彩勝〉《臺灣日日新報》日刊8版，1933.10.26，臺北：臺灣日日新報社

　　陳澄波的〔西湖春色〕，趣味十足。陳氏獨特的天真無邪之處，很有意思。西湖的詩般情緒，足以充分玩味。只不過右側的樹，顏色有點太白，甚是可惜。

　　蘇秋東的〔基隆風景〕有一些與陳澄波的〔西湖春色〕相似之處，但趣味不如陳氏，筆觸也較生硬，但在這個會場裡，仍算是有趣的作品，引人矚目。（李）

—錦鴻生〈臺展評　一般出品作を見ろ（七）（臺展評　一般出品作觀後感（七））〉《臺灣新民報》第6版，

1933.11.3，臺北：株式會社臺灣新民報社

・10月30日，參加嘉義市臺展入選者祝賀招待會於諸峰醫院。

【嘉義電話】由嘉義市吳文龍氏及其他兩名人士為發起人，召集市內志願參加者四十餘名贊助招待本年度臺展入選、推薦、特選、無鑑查出品等的林（李）德和、陳澄波、林玉山、朱木通、徐青年（清蓮）、盧雲友、張秋禾等七氏，訂於三十日下午六點在諸嶺（峰）醫醫（院）

舉辦祝賀會。（李）

—〈嘉義市の臺展入選者　祝賀招待會（嘉義市的臺展入選者　祝賀招待會）〉《臺灣日日新報》日刊3版，

1933.10.31，臺北：臺灣日日新報社

・11月23日，嘉義玉川公學校（今嘉義市崇文國小）體育會速寫。

・11月25-27日，〔裸婦〕參加第七回臺灣水彩畫會展覽會於臺灣教育會館。

臺灣水彩畫會與臺展在同一年誕生。此次的舉辦邁向第七回，當我巡迴會場所有作品時，我感受到一股強而有力的力道，並非常期待這些新銳藝術家未來的發展。在整體上，看得出來大家盡可能地想要將自己用功的程度展現出來。今年跟去年比較起來，水彩畫家覺醒的程度有較為彰顯，看得出他們對水彩畫會有真誠的態度。（中略）

△陳澄波的〔裸婦〕非常速寫，但我倒是很想看他的水彩畫。（伊藤）

—錦鴻生〈美術評　着實に進步した　水彩畫會展（美術評　著實進步的水彩畫畫展）〉《臺灣新民報》第6

版，1933.11.28，臺北：株式會社臺灣新民報社

・12月14日，八卦山速寫。

・12月20日，八卦山速寫。

★赤島社解散。

・油畫〔戰災（商務印書館側）〕、〔戰後（一）〕、〔戰後（二）〕、〔戰後（三）〕、〔上海碼頭〕、〔亭側眺望〕、〔塔峰下〕、〔公園一隅〕、〔坐禪〕、〔風景（一）〕、〔秋景〕、〔上海江南製船所〕、〔西湖〕、〔玉泉觀魚〕、〔簷上遠望〕、〔鹿港老街〕、

1933.12.20描繪八卦山之速寫。

〔鹿港辜家〕、〔嘉義中央噴水池〕、〔臺北橋〕、〔獵食〕。

1934（昭和9年）　40歲

・1月11日，金花亭速寫、長子重光戲鵝速寫。

・1月14日，彰化無底廟前速寫。

・2月5日，彰化公會堂速寫。

・2月7日，與楊三郎、顏水龍、郭柏川、葉榮鐘、張星健拜訪林獻堂。

新二月七日　舊十二月二十四日　水曜日　晴　五十六度

（前略）楊佐三郎、顏水龍、陳澄波、郭柏川四畫家及葉榮鐘、張星健來訪，余與之同往菜園，四人各畫一幅以贈一新會為紀念，午後三時歸去。

1934.1.11長子重光戲鵝，陳澄波以鉛筆速寫記錄這有趣的瞬間。

1934.1.14於彰化無底廟前繪製之速寫。

—許雪姬主編《灌園先生日記（七）一九三四年》頁59，2004.4，臺北：中央研究院臺灣史研究所籌備處、近代史研究所

・2月10日，嘉義速寫。

・2月28日，嘉義公園速寫。

・2月，吳源源家屋速寫、彰化市速寫、嘉義白川公學校（今嘉義市大同國小）人物速寫。

・6月23或24日，至嘉義市公會堂參觀第五回春萌畫會展覽。

・8月3日，嘉義街景速寫。

・8月21日，展望諸羅速寫。

・9月15日，因張李德和的資助得以赴東京參加帝展。

陳澄波氏今年久違的帝展入選，這次臺展又特選第一名（作品〔八卦山〕）榮獲臺展賞。陳氏是東京美術學校的出身，在校時便入選帝展，在臺灣作家中擁有最多帝展入選的頭銜。畢業後在上海執教，去年回臺專心投入於創作之中。另外，陳氏今年獲得帝展入選和臺展特選第一名，背後其實藏有以下的佳話：

陳氏家貧，以致無法於今年九月赴京，將作品請東京的師長們批評指教之外，順便參觀帝展。就在他每日扼腕長嘆之際，嘉義的志願者、閨秀作家的張李德和女士聽聞此事，非常同情前途似錦的作家就這樣坐以待斃，於是掏出自己身上配戴的金項鍊，提出了將此典當以便籌措赴京經費的建議。陳氏再三予以婉拒，但受其誠意感動，接受了資助，才如願赴京，拿下帝展入選以及臺展特選第一名的榮冠。

1934.6.23-24第五回春萌畫會展覽於嘉義市公會堂，陳澄波（後排右二）前往參觀後留影。

以上是陳氏赴京之際，含淚自述的內容。（李）

　　—〈閨秀畫家の美しい同情　洋畫特選一席　陳澄波氏（閨秀畫家的美麗的同情　西畫特選第一名　陳澄波
氏）〉出處不詳，約1934.10

嘉義陳澄波氏，攜帶要出品於帝展之作品，月十五日上京按月末歸臺。

　　—〈人事〉《臺灣日日新報》夕刊4版，1934.9.16，臺北：臺灣日日新報社

・9月19日抵達東京。

　　紫兒：大家都好吧？我十九日早上就到東京了。現在和臺北的畫家住在一起。白天去寫生，晚上
到畫塾練習。明信片正面的畫是二科會美展的作品。我們的帝展是從十月中旬開始。代我向大家
問好，再見！　澄波（李）

　　—1934.9.21陳澄波致陳紫薇之明信片

・9月27日，東京上野不忍池速寫。

・9月28日，東京丸之內速寫。

・初秋，水彩〔通州狼山〕繪於《筆歌墨舞（墨寶）》書畫作品集（臺北市立美術館典藏）
中，內尚有林玉山、朱芾亭、林玉書、羅峻明、蘇孝德、楊三清等人之書畫作品。

・10月16日-11月20日，〔西湖春色〕（現名〔西湖春色（二）〕）入選第十五回帝展。[107]
本年帝展洋畫，出品點數三千三百九十八點，入選二百二十五點，本島人畫家陳澄波氏之南國風
景，及廖繼春氏之兒童二人，及李石樵氏一點，計三點入選。陳氏之南國風景，係描寫臺灣新
春，加以臺灣實社會之生活型態，表現南國特有之風情色彩云。[108]

　　—〈帝展入選　本島陳廖李　三洋畫家〉《臺灣日日新報》夕刊4版，1934.10.12，臺北：臺灣日日新報社

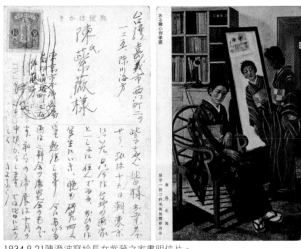

1934.9.21陳澄波寫給長女紫薇之家書明信片。

1934.9.27於東京不忍池繪製之速寫。

107. 參閱1.《帝國美術院第十五回美術展覽會圖錄　第二部繪畫（西洋畫）》頁24，1934，東京：美術工藝會；2.《帝國美術院第拾五回美術展覽會陳列品目
　　錄》1934.10.16-11.12。
108. 陳澄波1934年入選帝展之作品為〔西湖春色〕，非描寫臺灣新春，故此報導內容有誤。該報亦於10月24日的報導〈無腔笛〉中說明此為誤報。

而陳澄波氏之入選作品，曩報為南國風景，其實不然，乃〔西湖春色〕，蓋因事務員之貼札有誤，因而誤報云。

—〈無腔笛〉《臺灣日日新報》夕刊4版，1934.10.24，
臺北：臺灣日日新報社

與其向你道賀，不如說這是你的努力所應得的結果。世上沒有單靠運氣就能成功的，還需要認真的打拼與創新，你的入選，便是最好的證明。你入選的喜訊，已告知講談社，該社的編輯人員或許會去採訪你。

入選第十五回帝展的〔西湖春色〕（現名〔西湖春色（二）〕）。

十月十三日　砧村成城石川欽一郎（李）
—1934.10.13石川欽一郎致陳澄波之明信片

陳澄波氏的〔西湖春色〕，新綠的特徵表現得相當好。比起過去，畫作更新潮。（顧）

—陳澄波〈1934年〈帝展西洋畫評〉（第15回）草稿〉，約1934。

· 10月26日-11月4日，〔八卦山〕（現名〔八卦山（一）〕）（特選・臺展賞）、〔街頭〕入選第八回臺展於臺灣教育會館。並因三次特選，由審查委員長幣原坦舉薦而獲得「推薦」，享有此後五年的「無鑑查」資格。[109]

第八回臺展的特選及得獎者，從二十二日到二十三日，經過東洋畫與西洋畫各審查委員的慎重審

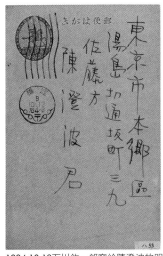
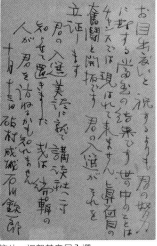

1934.10.13石川欽一郎寫給陳澄波的明信片，祝賀其帝展入選。

以「特選・臺展賞」入選第八回臺展的〔八卦山〕（現名〔八卦山（一）〕）。

109. 參閱1.《第八回臺灣美術展覽會目錄》1934秋。2. 財團法人學租財團編《第八回臺灣美術展覽會圖錄》頁27-28（西洋畫），1935.2.25，臺北：財團法人學租財團。

查的結果，本年度的特選東洋畫三名、西洋畫五名及臺展賞、朝日賞、臺日賞的得獎者名單如
下，二十三日下午三點已於教育會館公告。（中略）

西洋畫

▲特選

第一名　〔八卦山〕　陳澄波

第二名　〔自畫像〕　佐伯久

第三名　〔女孩〕　李石樵

第四名　〔沒有天空的風景〕　陳清汾

第五名　〔南歐坎城（Cannes）〕　楊佐三郎

▲得獎者

臺展賞　〔八卦山〕　陳澄波

　同　　〔自畫像〕　佐伯久

朝日賞　〔沒有天空的風景〕　陳清汾

臺日賞　〔大稻埕〕　立石鐵臣（李）

—〈臺展特選入賞者發表（臺展特選得獎者名單公布）〉出處不詳，約1934.10

關於今年的臺展西洋畫特選，審查主任藤島氏如是說：（中略）特選第一名的陳澄波氏，至今因
寄居上海，缺乏環境的刺激，不太有傑出的作品。今年之作描繪的是其故鄉，是確實捕捉到自然
的作品。即使是內地人來臺旅行畫個速寫，這個速寫也無法完全契合所繪之人的心情。本島人畫
的畫，說起來都有點太過囉嗦，但色彩強烈得以突顯臺灣的特徵，就一般來說，技巧並非很好，
但忠實觀看自然之處甚佳，而只是玩弄技巧的人則不可取。畫如果缺乏精神，就沒有反動，不是
藝術作品。（李）

—〈ローカル・カラーも　實力も充分出てる　藤島畫伯の特選評（地方色彩也　實力也充分顯現　藤島畫伯
的特選評）〉出處不詳，約1934.10

特選臺展賞陳澄波氏以頻年研鑽，物質的所費不訾，本年出品帝展，幸得有心閨秀畫家為助資
斧，乃得入選。而臺展之特選，亦穫首席，其苦心孤詣，當有精神上之慰安也。

—〈東洋畫漸近自然　西洋畫設色佳妙　臺展之如是觀〉《臺灣日日新報》夕刊4版，1934.10.25，
臺北：臺灣日日新報社

陳澄波　〔八卦山〕和〔街頭〕具備該氏畫作的特色，一瞥即知。這幾年不太振作的陳氏，不知
是否因審查員被後輩捷足先登故而發憤圖強，今年再次入選帝展並奪得臺展特選的首席。是地方
色彩濃厚之作。（李）

—〈精進努力の跡を見る　秋の臺灣美術展　…進境著しく畫彩絢爛を競ふる（可見精進努力痕跡的秋之臺
灣美術展　…進步顯著、畫彩互競絢爛）〉《南日本新報》第2版，1934.10.26，臺北：南日本新報社

特選　陳澄波的〔八卦山〕、〔街頭〕

這兩幅都是力道十足的作品，須用心觀賞。顏料塗滿每個角落，作者似乎搞錯了用心努力的方向。例如天空的描寫方式，實在沒必要將輕快遼闊、清澄的美麗天空，像地面一樣塗上厚厚的顏料。就算要塗滿顏料，天空也有天空本身的質感，地面也有地面本身的質感，但因為用筆過度，而損害了圖面調和之美。若說此乃反映這個作者的鮮明個性和熱忱，也無不可。在描寫對象的表現上很純真，這點亦佳。（李）

　　—〈臺灣美術の殿堂　臺展を觀て　寸評を試みる（臺灣美術的殿堂　臺展觀後短評）〉《新高新報》第7版，

1934.10.26，臺北：新高新報社

陳登（澄）波〔八卦山〕、〔街頭〕，極為自由的稚拙畫風，賦予陳氏畫作特色。陳氏的作品，無金玉其外或驕傲自大或自以為是之處。（李）

　　　　　　　　　　　　—〈臺展を衝く（入謁臺展）〉《南瀛新報》第9版，1934.10.27，臺北：南瀛新報社

陳澄波的〔八卦山〕和〔街頭〕兩幅畫，熱情有是有，但可以發現有許多地方讓人無法信服。例如色彩的混濁或遠近法的不正確，實在令人驚訝。若說那正是有趣之處的話，就另當別論。但我實在無法認同。

—〈南國美術の殿堂　臺展の作品評　臺展の改革及其の將來に就いて（南國美術的殿堂　臺展作品評　臺展

改革及其未來）〉《昭和新報》第5版，1934.10.27，臺北：昭和新報社

首席　陳澄波的〔八卦山〕問題重重。畫面顯露破綻，的確是有孩童的趣味，但就連素描這點也很可疑，結果只不過是畫得真摯而已。（李）

—〈百花燎亂の裝を凝して　臺展の蓋愈開く　開會前から既に問題わり　◇南部出身の審査員と新入選（百花撩亂的精心裝扮　臺展即將開幕　開幕前就有問題　◇南部出身的審查員和新入選者）〉《臺灣經世新報》

第11版，1934.10.28，臺北：臺灣經世新報社

陳澄波氏的〔街頭〕，作者拚命表現自己的獨特性。站在繪畫的立場，只覺得純真和有趣而已。陳氏的作品，經常在看，但其不惜付出勞力的傾向，筆者認為是錯誤的。畫面上不必要的東西，用顏料一層一層厚塗的地方，或者條件不全的線條等等，都是多餘的費心。例如天空的表現上，顏料高凸堆疊，地面也不忘上色，廣闊的藍天和笨重的大地，這樣的感覺並不正確。看陳氏的畫，總覺得很累。不過，〔八卦山〕這幅，又是可以輕鬆欣賞的畫。（李）

　　—顏水龍〈臺灣美術展の西洋畫を觀る（臺灣美術展的西洋畫觀後感）〉《臺灣新民報》約1934.10.28，臺北：

株式會社臺灣新民報社

陳澄波的作品，覺得〔街頭〕比〔八卦山〕更好，但可能人各有所好，榮獲特選的是〔八卦山〕。陳君從以前就經常使用impasto（顏料的厚塗）技法，但有些地方好像也不必這樣厚塗。八卦山後面的山，看起來囉哩叭嗦的，令人生厭。（李）

—野村幸一〈臺展漫評　西洋畫を評す（臺展漫評　西洋畫評）〉《臺灣日日新報》日刊3版，1934.10.29，

臺北：臺灣日日新報社

陳澄波的兩件作品中，果然還是特選的〔八卦山〕特別傑出。陳氏懷抱愛情來觀看描寫對照（象），再以謙恭的心境來進行描繪，如此的創作態度，值得肯定。背【景】的山巒之類的描寫，有一種稚拙的趣味，讓人不禁面泛微笑。前景的描寫，應該可以再想看看。（李）

—T&F〈第八回臺展評（2）〉《大阪朝日新聞（臺灣版）》1934.10.31，大阪：朝日新聞社

特選第一名的陳澄波的〔八卦山〕，有東洋畫的味道。不過這大概並非來自讓西洋畫和東洋畫合體的作者意圖使然，而是東洋人專心畫油畫，很自然地就出現了這樣的趣味。（李）

—青山茂〈臺展を見て（臺展觀後感）〉《臺灣教育》第388號，頁47-53，1934.11.1，臺北：財團法人臺灣教育會

臺灣美術展正在進行選拔與決定本年度的「推薦」，據說今年東洋畫部無人有此項資格，西洋畫部陳澄波氏則由於受到審查委員長幣原坦氏的舉薦，已於三十一日正式成為「推薦」。又，「推薦」期限，依照臺展規則為五年。（李）

—〈今年の推薦　洋畫の陳澄波氏　東洋畫は一人もなし（今年的「推薦」　西洋畫的陳澄波氏　東洋畫從缺）〉《臺灣日日新報》日刊7版，1934.11.1，臺北：臺灣日日新報社

臺灣美術展覽會於十月三十一日，根據臺展規則第二十七條，由審查委員長幣原坦氏推薦今年西洋畫部特選第一名並榮獲臺展賞的陳澄波氏，此後，陳氏在臺展將享有今後五年無鑑查出品的特權。（李）

—〈陳澄波氏の光榮　臺展から「推薦」さる（陳澄波氏的光榮　得到臺展的「推薦」）〉出處不詳，約1934.11

【臺北電話】臺灣美術展覽會以今年第八回展的成績為依據，按照該會規則第二十七條，決定將推薦的榮譽授與油畫的陳澄波，並以會長平塚廣義之名發表公告。陳澄波，出身嘉義、東京美術學校畢業，在臺灣自第二（一）回展以來每回出品都入選，第二、三回連續榮獲特選之後不知為何一蹶不振，終於在第八回再度奪回特選。陳氏據說目前在上海美術學校擔任教職[110]，是熱心臺展的作家，也是前輩。（李）

—〈洋畫の陳澄波氏　臺展で推薦　「第八回」の成績にとり（西洋畫的陳澄波　臺展獲推薦　以「第八回」的成績為依據）〉《臺南新報》日刊7版，1934.11.1，臺南：臺南新報社

陳澄波〔八卦山〕和〔街頭〕——

停滯許久的人再次活躍起來了，這是臺展之喜。畫面掙脫了這三、四年來的汙染，年輕了不少。是的，觀賞今年的〔八卦山〕，就讓人想起臺展首展時，陳氏曾經得意的時代。不過，〔街頭〕

---

110. 陳澄波已於1933年6月返回臺灣，故此處有誤。

是不值得評論的拙劣之作。（李）

—坂元生〈秋の彩り　臺展を觀る（10）（秋之點綴　臺展觀後感（10））〉《臺南新報》夕刊2版，
1934.11.10，臺南：臺南新報社

‧10月30日-11月1日，瑞穗丸船室人物速寫。

‧11月12日，出席「臺陽美術協會」成立大會於鐵道旅館。

三、四年前，作為臺灣洋畫界的最有力團體富有盛名的赤島社，在陳植棋氏死後，會員的意見不
一致、紛爭不斷之故，展覽也被迫中止，幾乎就快要被世人所遺忘。此次該會員中的部分會員，
即，廖繼春、陳澄波、楊佐三郎、李石樵、李海（梅）樹等諸氏，與陳清份（汾）、顏水龍、立
石鐵臣等諸氏商量組織新的畫會，意欲明年春天舉旗，眾人經常聚在一起研議。此外，會員或會
名，雖然要等到召開總會時才決定，但已確定將尋求教育會的援助、與臺展相互扶持，並以振興

1934.10.30於船內繪製之人物速寫。

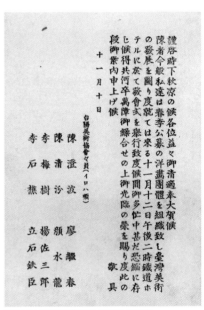

1934.11.10臺陽美術協會發會式請束。

1934.11.13《臺灣新民報》刊登臺陽美術協會成立大會的消息。

臺灣洋畫壇為宗旨，採一般公募制。至此，曾經在臺灣洋畫壇活躍一時的赤島社隨之自然消滅，島都也因新洋畫團體的誕生而喜氣洋洋。（李）

—〈赤島社の有力者が 新洋畫團體を組織 一般から公募せん（赤島社的有力人士 組織新洋畫團體 採一般公募）〉《臺灣新民報》1934.10.7，臺北：株式會社臺灣新民報社

以臺展的中堅作家陳澄波氏、陳清汾氏等六名畫家為會員，作為臺展支流的臺陽美術協會誕生。年輕作家共聚一堂，想必一定不乏熱情活潑的作品呈現，大家從現在起拭目以待。另外，成立大會訂於十一月十二日在鐵道旅館（hotel）下午二點開始舉行。（李）

—〈臺陽美術協會 か生る（臺陽美術協會誕生）〉《臺灣日日新報》日刊7版，1934.11.10，臺北：臺灣日日新報社

　　臺陽美術協會的成立大會如同先前所預定，於十二日下午二點開始在鐵道旅館（hotel）舉行。井手營繕課長、王野社會課長、臺展審查員鹽月桃甫畫伯、會員六名（其中廖繼春氏和李石樵氏缺席）以及其他二十餘名人士齊聚一堂，由陳清汾氏的開會致詞拉開序幕，立石鐵臣氏也朗讀了臺陽美術協會聲明書。聲明書的概要如下：

　　臺展在本島一年只舉辦一次，對於一般作家欲發表其技術，誠然有許多遺憾之處，有鑑於此，再者，為了本島美術家的進步發展以及美術思想的普及，有志一同者相互討論，決定在此組織臺陽美術協會，據此，同時舉辦春季公募展覽會，作為年輕美術家的自由發表機關。

　　另外，該會會員網羅有帝展系統的陳澄波氏、李梅樹氏、李石樵氏、廖繼春氏、顏水龍氏、二科系統的陳清汾氏、國展系統的立石鐵臣氏、春陽會系統的楊佐三郎氏，為本島美術界的中堅作家的集團。該會並非反臺展，而是如同東光會之於帝展，徹底支持臺展、勇往邁進，並為了臺灣美術界，希望達成該任務。最後是井手營繕課長針對協會的團結心和組織上的經濟問題以及會員今後的方針等等的發言，下午四點閉會。另外，該會的第一回展，預定於昭和十年四月下旬[111]舉辦，歡迎一般作家的出品。（李）

—〈中堅作家を網羅し 臺陽美術協會生る臺展を支持し、美術向上に邁進 きのふ盛大な發會式をあぐ（網羅中堅作家 臺陽美術協會誕生 支持臺展、激發美術進步 昨日舉行盛大的成立大會）〉《臺灣日日新報》日刊7版，1934.11.13，臺北：臺灣日日新報社

　　由臺展西洋畫部中堅作家所組織的臺陽美術協會，成立大會於十二日中午十二點半[112]，在鐵道旅館舉行。來賓有社會王野社會課長、鹽月桃甫、井出（手）營繕課【長】、素木博士等二十餘名出席。

　　另外，該美術協會的會員有陳澄波、陳清汾、李梅樹、李石樵、廖繼春、顏水龍、楊佐三郎、立石鐵臣等人，而展覽除了作品一般公開徵件之外，也預定舉辦講習課程與演講會。第一回

---

111. 臺陽展第一回展最後舉辦的日期為1935年5月4-12日。
112. 請柬與其他篇剪報均報導成立大會是下午兩點舉行。

展的展期將從昭和十年四月二十八日到五月五日[113]，一般徵件預定於四月二十三日搬入，二十七日為招待日。一般徵件以五件以內為限，經過會員的鑑查之後才能參展。該協會表示非常期望一般大眾能踴躍送件。（李）

—〈臺陽美術協會發會式　きのふホテルで（臺陽美術協會成立大會　昨於鐵道旅館）〉《臺灣新民報》

1934.11.13，臺北：臺灣新民報社

【臺北電話】臺灣洋畫團體主催公募春季展覽會之臺灣（陽）美術協會發會式，去十二日午後二時，於鐵道旅館大廣間，盛大舉行。來賓王野社會課長、鹽月臺展審查委員、井手府營繕課長、素木帝大教授、其他新聞關係者多數出席。陳登（澄）波、陳清汾、顏水龍、李梅樹、李石樵、立石鐵臣、楊佐三郎氏等出席，陳澄波氏代表一同，叙禮開會，立石氏朗讀宣言，李梅樹報告會組織之經過。來賓王野社會科長、井手營繕課長、喜多氏均致祝詞，既而移入懇談會，致午後四時於盛會裡散會。

—〈春季公募展　美術協會發會式誌盛　來賓官民多數臨場〉《臺南新報》第8版，1934.11.14，

臺南：臺南新報社

審查員、無鑑查出品者、推薦作出品者、特選、臺展賞和臺日賞的受賞者等等，這些以臺展為舞台的臺灣洋畫壇的中堅作家：陳澄波、陳清汾、李梅樹、李石樵、廖繼春、顏水龍、楊佐三郎、立石鐵臣等人，此次組織臺陽美術協會，並於十二日舉行成立大會，主張雖然已有臺灣美術展，但為了讓美術思想更加普及以及本島美術家的向上發展、改善本島洋畫家一年只有臺展這麼一次發表機會的窘境，故設立以自由發表為宗旨的臺陽美術展，於每年春季舉辦，以期禪益本島文化，目前正著手準備於明年四月中旬舉辦第一回展，也預定接管楊佐三郎個人經營的洋畫研究所繼續經營，作為協會的事業。如上，中堅作家成立洋畫團體，等於是對官製展覽會的臺展高舉無言的叛旗，這雖被視為促進本島美術界發展的可喜現象，但大家關心的是，這個最早的開拓者究竟能夠走多久？多遠呢？而且如果一旦其發展比臺展更好時，這些與臺展關係密切的會員，他們可能會獨立出來與臺展對立吧？總之，像這樣的文化團體的成立，足以成為各方議論的焦點。（李）

—〈臺展へ叛旗か（對臺展高舉叛旗嗎）〉《南瀛新報》第9版，1934.11.17，臺北：南瀛新報社

秋季的臺展剛落幕，到底留下了什麼？換言之，想留下什麼的努力，促使了臺陽美術協會的誕生。一群年輕美術家勇敢高喊：為了臺灣的鄉土藝術！為了促進本島文化！會員有陳澄波、陳清汾、李梅樹、李石樵、廖繼春、顏水龍、楊佐三郎、立石鐵臣等人並肩列名。展期預定於明年春季四月，昭告本島全民、號召年輕無名的美術家一起來共襄盛舉，讓自己的作品參與公募展以完成己任。在成立大會上，蒞臨出席的井手薰技師云：「美術家的畫會，其名稱往往在發起時不為人知，於分裂之際才眾所皆知」。這的確是崇尚自由的藝術家這類人易犯的怪異毛病。藝術之

---

113. 臺陽展第一回展最後舉辦的日期為1935年5月4-12日。

道，很難不陷入自我至上，只要一步踏錯，即是增上慢[114]。取捨選擇時，也得煩惱是否已握有清楚明瞭的依據才行。接下來，就等同志們大顯身手吧！（李）

—〈合財袋〉出處不詳，約1934.11

· 11月23日，嘉義市臺展入選者祝賀會於料亭別天地。

【嘉義電話】嘉義市早川、陳際唐、莊啟□、林文樹四氏為發起人，將於二十三日下午六點開始在料亭「別天地」招待今回嘉義市出身的臺展入選者常久常春、陳澄波、林玉山氏等七氏，舉辦祝賀會，有意參與者請向羅山信用組合或向林文樹氏處提出申請。（李）

—〈入選者を招待（招待入選者）〉《臺灣日日新報》日刊3版，1934.11.22，臺北：臺灣日日新報社

· 11月25日，與張星健一同拜訪林獻堂，請他參觀臺展臺中移動展，下午三點並與林獻堂等人至會場。

新十一月二十五日　舊十月十九日　日曜日　七十二度

（前略）嘉義陳澄波來訪，張星健與之同來，請余觀臺灣美術展覽會也。臺展月初開於臺北，被人購買多數，其剩餘乃移來臺中陳列。三時招成龍同澄波往觀，他頗親切詳為說明；遇楊佐三郎，請余觀其畫盧安夫妻之像，乃與之同往。盧安夫妻出迎，而楊天賦及蓮舫之妾廖氏亦往觀。日暮將歸，安贈菊花一盆。

—許雪姬主編《灌園先生日記（七）一九三四年》頁444，2004.4，臺北：中央研究院臺灣史研究所籌備處、近代史研究所

· 11月29日，淡水海水浴場速寫。
· 11月30日，北投溫泉速寫。
· 12月1日，淡水速寫。
· 12月22日，新北投車站速寫。[115]
· 12月23日，次男前民（1934-2016）出生。[116]
· 發表〈帝展の洋画を評す（二）（帝展西洋畫評（二））〉、〈帝展の洋画を評す（三）（帝展西洋畫評（三））〉、〈春萠（萌）畫展短評〉。
· 油畫〔河岸〕、〔農家〕、〔嘉義街景〕、〔嘉義街中心〕、〔綠蔭〕、〔嘉義公園一景〕、〔嘉義公園一角（嘉義公園）〕、〔展望諸羅城〕、〔八卦山遠眺〕、〔玉山暖冬〕、〔不忍池〕[117]、〔淡水風景（一）〕、〔睡姿〕。

---

114. 佛教用語。「慢」意譯為驕傲、傲慢、虛榮；「增上慢」為「四慢」或「七慢」之一，即自大、自滿之意。
115. 刊於《臺灣文藝》第2卷第6號，頁81，1935.6.10，臺中：臺灣文藝聯盟。
116. 參閱「1944.12.19戶籍謄本（三）」。
117. 〔不忍池〕曾長期被誤認為西湖風景，經與速寫〔不忍池-SB13：34.9.27〕比對後，確認作畫地點為不忍池。

1934年油畫〔農家〕。

1934年油畫〔不忍池〕。（圖片提供／雄獅美術）

1935（昭和10年） 41歲

・1月4日，中庄速寫。

・1月6日，消防出初式速寫。

・1月31日，諸羅展望速寫。

・約1月，發表〈鄉土氣分をもっと出したい　大
　作のみに熱中は不可　▽陳澄波氏談（想表現
　更多的鄉土氣氛　不可只熱中於大作　▽……陳
　澄波氏談）〉於《臺灣新民報》。

・2月8日，白水溪、山間草茅屋速寫。

・2月11-27日，〔南國街景〕、〔不忍池畔〕入選日
　本第二十二回光風會展覽會於東京府美術館。[118]

・2月19日，發表〈嘉義市と藝術（嘉義市與藝
　術）〉於《嘉義市制五周年記念誌》頁92-93。

・3月27日，塔山、二萬平速寫。

・3月，發表〈春萌畫展短評〉於《臺灣新民報》。

・4月1日，達摩岩、拉拉吉社遠望速寫。

・4月7日，對高岳展望開農台速寫。

・4月8日，阿里山鐵軌速寫。

・4月9日，獅子頭山、塔山、祝山、達摩岩、石
　楠花速寫。

・4月13日，從祝山眺望松山速寫。

1935.3.27繪製之塔山速寫。

1935.4.7陳澄波從對高岳望向開農台所畫之速寫。

118. 《第廿二回光風會展覽會出品目錄》頁49，1935.2.11-27，東京：光風會事務所。

1935年4月繪製的油畫〔杜鵑花〕，其實是臺灣特有的森氏杜鵑。

陳澄波（中）、廖繼春（右）與友人合影於阿里山平遮那車站。

- ·4月，阿里山小學校速寫
- ·4月，油畫〔杜鵑花〕。
- ·5月4-12日，〔樹蔭〕、〔夏日〕、〔芍藥〕、〔たそがれ〕（黃昏）、〔街頭〕、〔西湖春色〕（現名〔西湖春色（二）〕）、〔新高の殘雪〕（新高殘雪）參展第一回臺陽展於臺灣教育會館。[119]

去年九月，由作為臺灣美術展的支流的該展中堅作家陳澄波、陳清汾、李梅樹、李石樵、廖繼春、顏水龍、楊佐三郎、立石鐵臣等八氏組成舉辦的臺陽美術展，終於將於五月四日至十二日，在臺北教育會館舉辦其第一回展。一般公募出品是油畫和水彩畫，受理搬入的日期是五月一日，在教育會館受理作品。該展聚集了臺展的年輕中堅作家，想必一定不乏熱情活潑的作品呈現，大家從現在起拭目以待。（李）

　　—〈臺陽美術協會の第一回展覽會　五月四日から（臺陽美術協會的第一回展　五月四日起）〉《臺灣日日新報》日刊11版，1935.4.10，臺北：臺灣日日新報社

陳澄波畫伯速寫阿里山夕照、雲海及靈峰新高的日出，準備出品五日在臺北市教育會館舉辦的臺陽美術展。（李）

　　—〈嘉義紫煙〉《臺南新報》日刊4版，1935.5.2，臺南：臺南新報社

臺展兩位審查員、特選、無鑑查，一字排開的陣容。以廖繼春、顏水龍、楊佐三郎、立石鐵臣、陳澄波、陳清汾、李梅樹、李石樵等人為會員的臺陽美術協會成立，第一回展覽從四日至十二日在教育會

119.《第一回臺陽美術協會展覽會目錄》頁7-8，1935.5.4-12。

館舉辦,代表現今臺灣的作者,即前述的會員六人的名作約五十件,而一般人士的一百二十七件送審
作品,嚴選五十六件,並於三日發表入選者名單。(李)

　　　—〈不朽の名作を揃え　臺陽美術展開かる(不朽名作齊聚一堂　臺陽美術展開幕)〉《東臺灣新報》

1935.5.5,花蓮:株式會社東臺灣新報社

▲陳澄波

陳氏的畫,有學院派(ècole)的氣味。為了描寫紮實,卻讓畫面僵化了就不好,會讓人以為是看
板畫。太過強調和諧感(harmony)。細節(detail)方面,點景人物極佳,應是臺灣第一人。〔西
湖春色〕的確是在帝展看過的作品,這幅畫非常細膩(Délicat),整個畫面處理都很好。(李)

　　　—野村幸一〈臺陽展を觀る　臺灣の特色を發揮せよ(觀臺陽展　希望發揮臺灣的特色)〉《臺灣日日新報》

日刊6版,1935.5.7,臺北:臺灣日日新報社

陳澄波氏(會員)的畫有澀味,看事物的觀點有童心之處,畫作令人玩味。不妨把格局(scale)再放
大些,避免構圖散漫。〔街頭〕這幅畫最有意思,讓人想起盧梭(Henri Rousseau)的畫。(李)

　　　　　—SFT生〈臺陽展に臨みて　……終(訪臺陽展　……完)〉出處不詳,1935.5.8

臺陽美術協會的第一回展,作品在春之臺展也可見到,尤其因為是首次的公開展覽,會員都非常
振奮、勁頭十足,因而交出了令人意想不到的亮眼成績。會場中也陳列去年秋天入選帝展的陳澄
波氏的〔西湖春色〕和李石樵氏的〔在畫室〕等作品,立石、廖、李、楊、陳、顏等諸會員也盡
情發揮所長,另外,新進畫家的吉田吉、陳德旺等諸君得到發掘,畫作也感覺不錯。只是畫展碰
巧遇到震災,這點令人同情。展期到十二日為止,會場在教育會館。(李)

　　　—〈臺陽美術展は　十二日まで(臺陽美術展　到十二日為止)〉《臺灣日日新報》日刊7版,1935.5.9,

臺北:臺灣日日新報社

臺陽美術協會,由陳澄波、陳清汾、李梅樹、李石樵、廖繼春、顏水龍、楊佐三郎、立石鐵臣諸本
島青年畫家組織。去四日起,至來十二日,在臺北市,龍口町教育會館,開第一回展覽會。第一
室,(中略)陳澄波氏,〔綠蔭〕、〔夏日〕、〔芍藥〕、〔タソガレ〕[120]、〔街頭〕、〔西湖春
色〕、〔新高殘雪〕。

　　　—〈臺陽美術協會　開展覽會　假教育會館〉《臺灣日日新報》夕刊4版,1935.5.9,臺北:臺灣日日新報社

陳澄波氏的〔西湖春色〕乃帝展出品作,果然令人眼睛為之一亮。就陳氏的程度來說,也有幾幅
畫的表現並不佳,不過〔綠蔭〕是比較實在的作品。(李)

　　　　　　　　　　—漸陸生〈最近の臺灣畫壇(近來的臺灣畫壇)〉出處不詳,約1935.5

　　前幾日的臺陽展中的陳澄波的創作,可作為這種新寫實主義之舉例。李梅樹、楊佐三郎、顏

---

120. 中譯為「黃昏」。

水龍、李石樵等等，大多屬於此類。陳澄波的寫實是描寫自然的現象、生活等題材、李梅樹的是描寫自然的形態、楊君的則是描寫情趣等等，像這樣，因為是透過畫家各自的個性，所以能以不同的畫風來構築造型美。

　　同會的會員立石鐵臣，則與這些畫家的風格相異，是新表現派。這種畫風，與其說是因感受到自然的魅力而誘發出美，不如說是以強烈的主觀，建構出線條的理性、色彩的感情等等，藉由對比手法，向觀者傾訴。即使是描寫太陽，那也不是自然的太陽，而是作者心中的太陽。自然中所不存在的強□，為了作者的創作表現，也是不可或缺的。獨立[121]的諸氏之中，屬於這類畫風的畫家非常多，梵谷（van Gogh）等人便是這種風格的最傑出者。這些都是深具人性的表現。東洋畫方面亦可列舉出此類畫風的例子。（李）

　　—陳清汾〈新しい繪の觀賞とその批評（新式繪畫的觀賞與批評）〉《臺灣日日新報》夕刊3版，1935.5.21，
臺北：臺灣日日新報社

・5月26日，於《南通》刊登堂弟陳耀棋訂婚之消息。

舍弟耀棋、次女淑謹承馮逸殊、余西疇兩位先生介紹，謹定於民國廿四年五月廿六日在南通舉行訂婚，恐外界不明事實，特此登報奉告

陳澄波　曾國聰謹啟

—〈訂婚啟事〉《南通》第1版，1935.5.26，江蘇省：南通縣圖書館

・7月1日，發表〈製作隨感〉於《臺灣文藝》第2卷第7號，頁124-125。
・9月，淡江夕暮速寫。
・10月9日，與友人攝於臺灣文藝聯盟嘉義支部總會。

1935年蔡麗邨（坐者右一）、陳澄波（坐者右二）與張李德和（抱小孩者）、張錦燦（站者左一）合攝於張家庭院。

1935.10.9攝於臺灣文藝聯盟嘉義支部總會。前排右二為陳澄波，右三為張星建（時任中央書局總經理）。照片錄自林惺嶽著《臺灣美術風雲40年》頁44，1987.1，臺北：自立晚報社文化出版部。

121. 此指「獨立美術協會」。

入選第九回臺展的〔阿里山之春〕和〔淡江風景〕。

· 10月26日-11月14日，〔春の阿里山〕（阿里山之春）（無鑑查）、〔淡江風景〕（無鑑查）入選第九回臺展於臺灣教育會館。[122]

　　聽說陳氏今年已準備好大作三件參加臺展，而到他的畫室一瞧，除了這次預定送件的精心力作〔阿里山之春〕（六十號）及同樣預定送件的〔淡江〕（二十號）、〔逸園〕（三十號）之外，〔淡水達觀樓〕、〔淡水海水浴場〕等作品也一起擁擠地排列著。其中屬最佳之作的〔阿里山之春〕的製作動機，據說是應嘉義人士之請，將國立公園候補之一而備受讚賞的阿里山的幽玄及其神秘，借藝術的表現來加以發表的。陳氏的談話如左。[123]

　　我的畫室與其說是在室內，不如說是在無邊無際的大自然中。也就是說創作應全在現場完成，在家裡只是偶而將不滿意的地方添加幾筆修改罷了，因此幾乎不覺得需要畫室。在畫這張〔阿里山之春〕時，認為應將高山地帶的氣氛予以充分表現，於是特別選擇了塔山附近一帶為畫題。這張畫的草稿剛打好時，碰巧嘉義市長川添氏與營林所長的一行人路過，批評我的畫說：「雖然還是個草稿，但已能充分掌握阿里山的氣氛了」。上完色後，我便拿去請當地的造林主任幫我畫中的樹木年齡做專門的鑑定。等該主任告訴我說有六百年以上之後，我才好不容易鬆下一口氣，心中暗喜來阿里山沒有白費。（李）

——〈美術の秋　アトリエ巡り（十三）　阿里山の神秘を藝術的に表現する　陳澄波氏（嘉義）（美術之秋　畫室巡禮（十三）　以藝術手法表現　阿里山的神秘　陳澄波氏（嘉義））〉《臺灣新民報》1935年秋，臺北：株式會社臺灣新民報社

122. 參閱1. 財團法人學租財團編《第九回臺灣美術展覽會圖錄》頁17、67（西洋畫），1935.11.5，臺北：財團法人學租財團；2.《第九回臺灣美術展覽會目錄》頁9、13，1935.10.26-11.14；3.〈臺展の入選者〉《臺灣日日新報》日刊11版，1935.10.22，臺北：臺灣日日新報社。《第九回臺灣美術展覽會目錄》有呂鐵州、郭雪湖、林玉山、陳澄波獲「推薦」之記錄，而《第九回臺灣美術展覽會圖錄》裡記載的「推薦」是村上無羅、李石樵、楊佐三郎，兩者不同，實因目錄裡記載的是歷年曾獲「推薦」的人，圖錄裡的則是第九回新獲得「推薦」的人。綜觀一至十回臺展圖錄，第六至八回均有「推薦」卻無記載，第七回之後則是缺少「無鑑查」之記載，可見圖錄應有所闕漏。依據臺展章程與報紙刊載，陳澄波於第八回臺展時獲「推薦」，其有效期限為五年，期間均可享「無鑑查」出品，故陳澄波第九回臺展出品應享有「無鑑查」資格。
123. 原文為直式，由右至左排列。

　　昨報臺展特選三回者，得被推薦，凡五年間，得無鑑查，與他入選畫陳列，若一回特選者，則其翌年無鑑查而已。現在被推薦者，東洋畫郭雪湖、呂鐵州、林玉山三氏。本年村上無羅又得第三回之特選，列入推薦。

　　西洋畫從來推薦僅陳澄波氏一人，此回李石樵、楊佐三郎二氏亦與其列，於是東洋畫、西洋畫，本島人推薦各三，而內地人則僅東洋畫之村上氏而已。（中略）陳澄波氏之〔淡江風景〕及〔阿里山春景〕[124]，二畫筆力，局外人則知其老手，同人若非置籍於中國美術學校教員，則早與廖繼春、陳氏進二氏同為審查員矣。

　　—〈臺展之如是我觀　島人又被推薦兩名　推薦七名占至六名〉《臺灣日日新報》日刊12版，1935.10.26，
臺北：臺灣日日新報社

陳清（澄）波〔阿里山之春〕，很黏膩的畫，是個特異的世界。（李）
—宮田彌太朗〈東洋畫家の觀た　西洋畫の印象（東洋畫家所見西洋畫的印象）〉《臺灣日日新報》日刊6版，
1935.10.30，臺北：臺灣日日新報社

以推薦出品的陳澄波的兩件畫作品都很糟糕，如此看來，推薦這個制度也需要再檢討。希望提出的是認真用心的力作。（李）
—岡山實〈第九回臺展の　洋畫を觀る　全體として質が向上した（第九回臺展的洋畫觀後感　整體而言水準有提升）〉《臺灣日日新報》日刊3版，1935.11.2，臺北：臺灣日日新報社

廖繼春的〔窗邊〕、陳澄波的〔阿里山之春〕、楊佐三郎的〔母與子〕、顏水龍的〔汐汲〕[125]等作品，令人深感有再進步的空間。每件作品的畫面都顯露出不少呆滯、鬆懈之處。（李）
　　—〈臺展鳥瞰評　悲しい哉一點の赤扎なし（臺展鳥瞰評　可悲啊！連一張紅單都無）〉《臺灣經世新報》
第3版，1935.11.3，臺北：臺灣經世新報社

作為始政四十週年紀念的第九回臺展，以超高人氣和佳作齊聚展開序幕，而延長二十天的會期，也終於在今日十四日落幕。適逢臺灣博覽會的盛事，本年度的入場者也在十三日達到三萬五千人，和去年相比，顯示增加了一萬五千人左右，然而，作品賣約件數卻比去年東洋畫和西洋畫合計的二十八件，減少到只有三件。本年度作品與去年不同，全都是作家頗為自信之作，在有識人士之間也不乏好評之作。而十三日，中川健藏總督已決定購買陳澄波氏的油畫〔淡江風景〕一幅，而十四日是臺展的最後一天，賣約件數也一定會增加不少。另外，十四日當天預定自下午兩點開始，在審查委員與幹事的列席下，進行臺展賞、臺日賞、朝日賞的頒獎，之後進行幹事懇談會。（李）
　　—〈けふ臺展の最終日　中川總督が一點買上げ（今日是臺展最後一日　中川總督購畫一幅）〉《臺灣日日新報》日刊7版，1935.11.14，臺北：臺灣日日新報社

---

124. 財團法人學租財團編《第九回臺灣美術展覽會圖錄》（臺北：財團法人學租財團，1935.11.5）中之畫題為「春の阿里山」，中譯為「阿里山之春」。
125. 財團法人學租財團編《第九回臺灣美術展覽會圖錄》（臺北：財團法人學租財團，1935.11.5）中之畫題為「汐波」。

1935.11.1於三峽繪製的人物速寫。

11月初李梅樹於三峽自宅宴請畫友。左起為顏水龍、李梅樹、洪瑞麟、
□、立石鐵臣、梅原龍三郎、陳澄波、藤島武二、鹽月桃甫。

· 10月29日，稻江划船速寫。
· 11月1日，三峽人物速寫。
· 11月初，李梅樹於三峽自宅宴請陳澄波、顏水龍、洪瑞麟、立石鐵臣、梅原龍三郎、陳澄波、藤島武二、鹽月桃甫等人。
· 11月14日，淡水舊砲台遺跡、紅毛城速寫。
· 11月29日，觀音山獅子頭展望淡水、江頭、蛇子形速寫。
· 11月，林本源花園速寫。
· 油畫〔阿里山遙望玉山〕、〔望鄉山〕、〔嘉義郊外〕、〔琳瑯山閣〕、〔雲海〕、〔淡水風景（淡水）〕、〔淡水風景（二）〕、〔淡水河邊〕、〔淡水高爾夫球場〕、〔欄杆外〕。
· 關子嶺速寫。

1936（昭和11年） 42歲

· 1月1日，與張仲倍夫婦合影於淡水九坎街。
· 2月8日，參加臺灣文藝聯盟主辦的綜合藝術座談會於臺北昭日小會館，與會者有：陳澄波（畫家）、楊佐三郎（畫家）、陳運旺（音樂家）、林錦鴻（畫家）、葉榮鐘（文聯常委東亞新報主筆）、張星建（文聯常委）、郭天留（文聯委員）、陳梅塆（高中生）、曹秋圃（書法家）、張維賢（戲劇研究

1936.1.1陳澄波（坐者）與張仲倍夫婦合影於淡水九坎街。

家）、鄧雨賢（作曲家）、許炎亭（記者）、陳逸松（市會議員律師）。座談會中陳澄波並提出他對當前臺灣音樂與美術的看法。[126]

陳澄波：我個人在音樂上完全是個門外漢，不過也有一點想法。我們可以從書中或報紙上得知音樂家是如何與大眾接觸、引導大眾親近音樂，他們的舉止、生活日常以及社會結構等等，看在我們這些人的眼裡饒富興味。舉個例子來說好了，當我們在哪兒的街上或巷弄裡頭看見了女人家抱著嬰兒唱著搖籃曲、哄他們睡覺，那擺動、那節奏，聽在我們美術家耳裡，總可以讓我們在自我的創作上得到極大共鳴與啟發。我曾經去過上海跟中華民國各地，但回到了臺灣後，耳中聽見的卻全是黑貓黑狗一類的歌。這麼講可能對唱盤界的人很失禮，可是這些流行歌曲對於民眾的影響會帶來非常不好的影響。以我們美術領域來說，現在雖已有臺展跟臺陽展等等活動，可是大眾的美術素質依然低落。去到一般人家家裡看看，有些牆上雖然可能掛著幅油畫或油漆畫什麼的，但那些一點藝術價值也沒有。我不是說那些畫廉價所以不好，而是其低俗得令人哀傷。就連戲劇方面，目前也以一天到晚「哎唷喂呀──」的歌仔戲最流行，佔有絕對的勢力。再這樣下去，民眾的藝術修養永遠不可能提升。我想不但在美術上，音樂與戲劇上也要從民眾容易親近的地方著手，把民眾帶往更富藝術價值的領域去。這應是我們藝術家當前的目標才對。（蘇）

——〈文聯主催　綜合藝術を語ろの會（文聯主辦　綜合藝術座談會）〉《臺灣文藝》第3卷第3號，頁45-53，

1936.2.29，臺中：臺灣文藝聯盟

・4月2日至5日，以水彩一件參展「嚶嚶藝術展覽會」於馬來西亞檳城蓮花河街麗澤第五分校。

本報駐檳特約通信南郭（四月二日）

　　籌備不少時間，耗費多人心力的檳城嚶嚶藝展會，已於今晨十時，在蓮花河街麗澤第五分校，舉行開幕典禮了，該次的藝展，有馬來西亞各地，及中國、日本等處的藝界人士報名參加，約有四十多人，作品有繪畫、攝影、彫刻、書法等，計有三百件左右，這真是集藝術品於一堂，琳瑯滿目，美不勝收，該次的藝展，可說是提倡文化的一種表現，所以現在記者，要把開幕及作品的陳列情形，加以一番的紀述。（中略）

作品一覽表

　　PH油畫一件，王有才攝影七件，白凱洲油畫二件，余天漢攝影四件，李碩卿國畫一件，李清庸油畫十九件、粉畫五件，邱尚油畫八件，林振凱國畫三件，周墨林油畫一件，吳仁文水彩一件，吳中和攝影廿四件，柯寬心水彩三件，紀有泉油畫一件，梁幻菲油畫四件、水彩六件，張□萍油畫六件、水彩一件，陳澄波水彩一件，陳成安水彩二件、攝影十二件，梁達才攝影七件、黃花油畫一件，郭若萍水彩三件、素描一件，楊曼生油畫二十件、水彩十五件、攝影十二件，管容德國畫一件，鄭沛恩攝影十二件，潘雅山國畫二件，戴惠吉水彩十件，戴夫人水彩四件，盧衡油

---

126. 參閱〈文聯主催　綜合藝術を語ろの會（文聯主辦　綜合藝術座談會）〉《臺灣文藝》第3卷第3號，頁45-53，1936.2.29，臺中：臺灣文藝聯盟。

畫二件，高振聲油畫三件，賴文基油畫一件、木刻二件，張汝器油畫二件，陳宗瑞油畫三件，林道盦油畫二件，莊有釗水彩二件，戴隱木刻四件，李清庸彫刻三件，楊曼生彫刻三件，陳賜福工藝美術三件，汪起予書法四幅，李陋齋書法五件，吳邁書法二幅，茅澤山書法二幅，陳柏襄書法五幅，管震民書法四幅、印譜二幅、金石摹拓立軸四幅、篆書楹聯一幅，管容德書法二幅，潘雅聲書法一幅，此外尚有陳洵、黃節、康有為、曾仲鳴、梁漱溟、梁啟超等的書法，係書贈黃延凱領事者，亦在此處展覽。

—南郭〈檳城嚶嚶藝展會　二日晨舉行開幕　內外各埠參加者計有四十餘人　作品數百件琳瑯滿目美不勝收　請黃領事夫婦蒞場主持開幕禮〉《南洋商報》第10版，1936.4.6

- 4月24日-5月10日，〔淡水の達觀樓〕（淡水達觀樓）入選第二十三回光風會展覽會於東京府美術館。[127]

- 4月24日，審查第二回臺陽展作品於臺灣教育會館。

臺陽美術協會第二回展即將於二十六日開始在教育會館舉辦，搬入作品約有二百五十件，二十四日早上開始，由從南部趕來的陳澄波氏、廖繼春氏以及住在北部的陳清份（汾）、李梅樹、楊佐三郎、李石樵諸氏進行審查，今年成績相當不錯，所以入選名單預定會在今天傍晚公布。（李）

—〈臺陽展の審查　搬入は二百五十點　夕刻に入選發表（臺陽展的審查　搬入作品有二百五十件　傍晚公布入選名單）〉《臺灣新民報》1936.4.25，臺北：臺灣新民報社

- 4月26日-5月3日，〔觀音眺望〕、〔淡水風景〕（現名〔淡水風景（淡水）〕）、〔北投溫泉〕、〔逸園〕、〔芝山岩〕參展第二回臺陽展於臺灣教育會館。[128]

以代表臺灣美術界的本島中堅作家陳清汾、顏水龍、陳澄波、楊佐三郎、李石樵、李梅樹、廖繼春等七人為幹事，並以去年度在臺展榮獲朝日賞的陳德旺氏為會友的臺陽美術協會，擬於二十三日截止作品的搬入，並於二十六日起在臺北教育會館舉辦為期五天的第二回臺陽美術展。由於去年第一回展搬入了一五〇件以上的作品，頗受好評，因此今年除了會員和會友共同出品力作之外，一般公募作品也希望能有比上一次更好的成績。（李）

—〈臺陽美術展〉《大阪朝日新聞（臺灣版）》第5版，1936.4.18，大阪：朝日新聞社

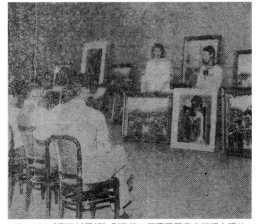

1936.4.25《臺灣新民報》刊登第二回臺陽展審查狀況之照片。

陳澄波收藏的《第二回臺陽美術協會展覽會目錄》。

127.〈第廿三回光風會展覽會目錄〉，收入青木茂監修、東京文化財研究所編纂《近代日本　アート・カタログ・コレクション　032　光風會　第4卷》頁1-78，2002.5.23，東京：株式會社ゆまに書房。
128.《第二回臺陽美術協會展覽會目錄》頁20-21，1936.4.26-5.3。

第二回臺陽展，自二十六日至五月三
日，開于教育會館，出品畫百六點中，
楊佐三郎、陳清汾、陳澄波、李石樵、
李梅樹諸氏大作，最博好評。初日雖降
雨，入場者甚多。又該展之會友及賞，
決定如左。[129]一、會友蘇秋東、林克
恭。二、臺陽賞許聲基、水落克兒。

— 〈臺陽畫展　開于教育會館　觀眾好評〉
《臺灣日日新報》夕刊4版，1936.4.28，
臺北：臺灣日日新報社

陳澄波君，描寫方式過於單一，同樣的
筆觸重複太明顯。〔淡水風景〕有東洋
畫之趣，相對於紅色的研究，綠色陷於
單調，這點需要再多加思考。〔芝山
巖〕[130]是個不錯的小品。（李）

— 足立源一郎〈臺陽展を觀て　……一層の
研究を望む（觀臺陽展　……期待更多的研
究）〉《臺灣日日新報》日刊4版，1936.4.28，
臺北：臺灣日日新報社

- 7月13日，與畫友合影於臺南公會堂。
- 8月15-16日，參加張義雄、翁崑德與
  林榮杰於嘉義公會堂舉行之「洋畫三
  人展」。
- 8月22日，與國風會成員合影於嘉
  義。
- 9月19-23日，臺灣書道協會主辦第一
  回書道展於教育會館舉行，陳澄波長
  女紫薇、次女碧女、長男重光皆以楷
  書入選。

　　臺灣書道協會主催第一回書道展覽會，

參展第二回臺陽展的〔淡水風景〕（現名〔淡水風景（淡水）〕），現為國立臺灣美術館典藏。

1936.7.13陳澄波（前排左一）、廖繼春、楊三郎、謝國鏞、張萬傳等人合影於臺南公會堂。

1936.8.15-16張義雄（右四）、翁崑德（左四）與林榮杰（右三）舉行「洋畫三人展」於嘉義公會堂。左三為陳澄波。

---

129. 原文為直式，由右至左排列。
130. 《第二回臺陽美術協會展覽會目錄》中之畫題為「芝山岩」。

去十九日起開於教育時（會）館，經二十二日發表授賞者，最終日
二十三日，由少年部最高授賞者，順次席上揮毫，極呈盛況。本年少
年部入選者中，有如嘉義西洋畫家陳澄波氏令愛紫薇（十七）、碧女
（十二）、令郎重光（十歲），三名俱以楷書入選。

　　—〈臺灣書道展　授賞發表　長官賞二名〉《臺灣日日新報》夕刊4版，1936.9.24，

臺北：臺灣日日新報社

・10月14日，於臺展收件第一天，即辦理作品搬入。

　　點綴臺灣畫壇秋天的臺展，作品搬入日第一天，亦即十四日早上九點開
始在臺北市龍口町教育會館進行，九點前便已有人陸續抵達會場，到了
下午六點，第一天的搬入件數為東洋畫三十一件、西洋畫二百五十五
件，共計二百八十六件的好成績，其中東洋畫方面，辦理搬入的有呂
鐵州、郭雪湖、林玉山等三人的無監（鑑）查出品；西洋畫方面，辦理
搬入的則有立石鐵臣、李石樵、顏水龍、廖繼春、楊佐三郎、陳澄坡
（波）等六人的無監（鑑）查出品。（李）

　　—〈臺展の搬入第一日　東洋畫三一點　西洋畫二五五點（臺展搬入第一天　東洋
畫三十一件　西洋畫二百五十五件）〉出處不詳，約1936.10.15

・10月19日，《臺灣新民報》刊出專訪文章〈美術シーズン　作家訪問
記（十）　陳澄波氏の卷〉（美術系列　作家訪問記（十）　陳澄波
氏篇）。

・10月20日，發表〈三人展短評〉於《諸羅城趾》第1卷第6期，頁24-25。

・10月21日-11月3日，〔岡〕（無鑑查）、〔曲徑〕（無鑑查）入選第十回臺展於臺灣教育會
館。[131]

　　陳澄波的兩件作品當中，首推〔岡〕。姑且不論好壞，擁有自己的風格，足以令人欣慰。但
也是時候該設法改變了，不要總是千篇一律！

　　不過今年比去年好很多，只是有將所有事物排列成小道具之癖，故有散漫之虞。到處矗立電
線桿的描寫，品味極差。（李）

　　—蒲田生〈臺展街漫步　C〉《大阪朝日新聞（臺灣版）》第5版，1936.10.25，大阪：朝日新聞大阪本社

岡　（陳澄波）

與〔曲徑〕一樣，發揮出獨特的個人風格。這個作者的特色，在於其不靈巧的稚拙之內，有一

1936.9.19-23陳重光入選第一回
全國書道展之書法作品〔川流不
息〕。

---

131. 參閱1. 財團法人學租財團編《第十回臺灣美術展覽會圖錄》頁6-7（西洋畫），1937.2.10，臺北：財團法人學租財團；2.《第十回臺灣美術展覽會目
　　錄》1936.10.21-11.3。依據臺展章程與報紙刊載，陳澄波於1934年第八回臺展時獲「推薦」，其有效期限為五年，期間均可享「無鑑查」出品，《第十
　　回臺灣美術展覽會目錄》有陳澄波〔岡〕與〔曲徑〕無鑑查入選之記錄，但《第十回臺灣美術展覽會圖錄》裡卻無，查閱第一至十回臺展圖錄，可知自
　　第七回之後即沒有記載無鑑查入選之作品，因此以《目錄》和報導為依據，陳澄波應具有無鑑查資格。

〔岡〕入選第十回臺展。　　　　　　　　　　　　　　〔曲徑〕現僅存黑白照片。

種深刻的滋味。不過，就重點描寫的卓越程度而言，〔曲經（徑）〕遠遠領先在前，格調不凡。
（李）

—〈美術の秋　臺展を見る（美術之秋　臺展觀後感）〉《臺灣經世新報》第4版，1936.10.25，

臺北：臺灣經世新報社

曲徑（陳澄波）　說起創作，有利用表現上必然產生的技巧（technic），或是利用來自於某既成
觀念、多半具有賣弄性質所產生的技巧（technic）等兩種處理大自然的態度，這位作者正是屬於
後者，當然，作者在某種程度上進行了大自然的變形或扭曲，但有墮入賣弄技巧的傾向。整體
來說，本島人的畫大多有畫過頭的毛病，希望能保留一些餘韻或餘情。兩幅出品作品中，很高興
〔曲徑〕這幅還留有素樸的感覺。（李）

—宮武辰夫〈臺展そぞろ步き　西洋畫を見る（臺展漫步　西洋畫觀後感）〉《臺灣日日新報》日刊4版，

1936.10.29，臺北：臺灣日日新報社

陳澄波氏的〔岡〕，美麗的綠色、有趣的筆觸和歪歪扭扭的線條，這些形成了整個畫面的動態
感，只可惜感覺太過熱鬧，相較之下〔曲徑〕這幅比較調和，賞心悅目。不過，前者比較有表現
出陳氏的個性。（李）

—錦鴻生〈臺展十週年展を見て（三）（臺展十週年展觀後感（三））〉《臺灣新民報》1936.10，

臺北：株式會社臺灣新民報社

・10月27日，晚上抵達東京，李石樵前來接船，並借住在他家。

嘉義西洋畫家陳澄波氏，欲觀東京新文展，訂來二十一日附輪內渡。

—〈人事〉《臺灣日日新報》夕刊4版，1936.10.20，臺北：臺灣日日新報社

天氣變得冷多了。早上和晚上都到畫塾練習，下午去寫生。我會努力多畫一些回去。你們也要爭氣，好好用功唸書！十二月在東京有書法展，記得有空多練習！等我回去，就報名參加！

澄波　29日（李）

—1936.10.29陳澄波致陳紫薇明信片

此次的東京行，行程是突然決定的。時間是一九三六年十月十四日。因為決定匆促，所以行李也就相對比較簡便。行程順序是先到臺北，花個兩、三天參觀臺展，然後接送梅原龍三郎和伊原宇三郎兩位審查員之後，再前往內地日本。（中略）

等待已久的出發時刻來臨，在基隆拉斷一條條的綵帶（tape）之後，駛向東都。鑒於時勢，海上航行困難重重。對於胃腸不太好的我而言，真是災難。搭乘的又是瑞穗丸，就更不用說了。抵達東京，已是十月二十七日的晚上，直接就跟前來接船的李石樵回家，借住了下來。

當晚開始，我就針對在東京的逗留期間，研擬了好多計畫。亦即，與以往不同，除了美術視察之外，重新拾起學生時代的心情，深入研究、埋頭盡情創作，才是此次的目的。因此，首先進入私人經營的畫塾，再選擇適當時機，到東京府附近寫生，畫畫楓葉。為了檢討自己的觀察力究竟進步了多少，無論如何，進畫塾都是必要的抉擇。也就是說，將眼睛所見實地應用後，再予以檢討的話，必然能成為踏實的創作經驗。（李）

—陳澄波〈美術の響（美術的跫音）〉《諸羅城趾》第2卷第3號，頁22-24，1937.3.8，嘉義：諸羅城趾社

・10月31日，梅岡速寫。

・11月2日，妙義山速寫。

・11月3日，因連續十年入選臺展而受表彰。

第十回臺灣美術展，二十一日午後已開會，而特選臺展賞、朝日賞、臺日賞、推薦，已於招待操觚者觀覽日之二十日發表矣。不使畫家望眼欲穿，誠快事也。十年來連續入選之人厥數有十，東洋畫即郭雪湖、林玉山、村上無羅、宮田彌太郎、陳氏進，西洋畫即陳澄波、李石樵、李梅樹、

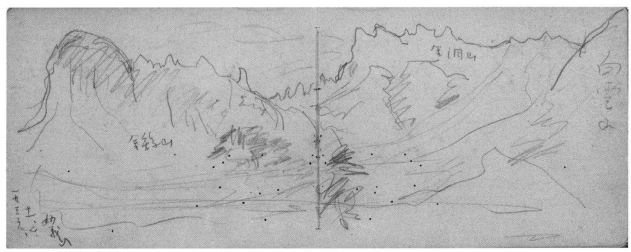

1936.11.2繪製的妙義山速寫。

木村義子、竹內軍平諸氏。當局已決定表彰之，惟文教局長、社會課長等俱異動，故致遷延，期日猶未定也云。

　　　—〈臺展十年　連續入選者　表彰遲延〉《臺灣日日新報》夕刊4版，1936.10.22，臺北：臺灣日日新報社

臺灣美術展第十回祝賀式，三日明治節佳辰，開於教育會館後庭。午後三時半鹿討視學官宣告開會，會長森岡長官式辭，次對十年入選之東洋畫陳氏進、林玉山、郭雪湖、村上英夫、宮原（田）彌太郎，西洋畫陳澄波、李梅樹、李石樵、鄉原藤一郎、廖繼春、木村義子諸氏，（李梅樹氏為總代受賞）及十年勤績役員幣原坦、尾崎秀真、加藤春城、蒲田丈夫、井手薰、大澤貞吉、木下源重郎、素木得一、鹽月善吉、鄉原藤一郎、加村政治諸氏，（尾崎秀真代表受賞）授與紀念品。受賞者總代答辭，次蒲田幹事。木下、鹽月兩審查員回顧□，乃開摸（模）擬店[132]，島田文教局長三唱萬歲。

　　　—〈臺展祝賀會　表彰多年作家役員〉《臺灣日日新報》日刊8版，1936.11.4，臺北：臺灣日日新報社

・11月4日，嘉義市舉辦臺展入選祝賀會於宜春樓。

去四日午後六時嘉義市內有力者百餘名，在宜春樓為今回臺展入選之畫家祝賀榮譽，其該畫家為林玉山、朱芾亭、張秋和（禾）、盧雲友、林東令、徐青年（清蓮）、黃水文等七氏外有洋畫陳澄波氏云。

　　　—〈嘉義〉《新高新報》第15版，1936.11.14，臺北：新高新報社

・11月8日，妙義山東雲閣（館）、白雲山速寫。

・11月9日，妙義金洞山速寫。

・11月14日，金雞山速寫。

1936.11.8從東雲館看出去所繪製之速寫。

1936.11.14繪製之金雞山速寫。

132.「模擬店」即「臨時的商品販賣店」。

陳澄波收藏的妙義山明信片。

為第二回臺陽展所設計之海報。

・11月15日，妙義山第二石門、金雞山展望速寫。

・11月19日，東雲館展望速寫。

　　家裡的人都好吧？我到東京附近的妙義山寫生十天，完成的作品，比我原先想的還好。六十號大的有兩張、小號的有八張，畫的是秋天紅葉盛開的美景。YOKI的買書錢，沒問題吧？我的錢不夠用了，也許會提早回去。家裡還有錢的話，早點匯給我。我畫的這些畫非常好，一定會讓你們嚇一跳。東京冷極了！

陳澄波　十一、十八日（李）

—1936.11.18陳澄波致陳紫薇之明信片

・12月，東京興野速寫。

・油畫〔滿載而歸〕、〔山林清溪〕。

・博多灣速寫、霧峰速寫。

・海報設計〔第二回台陽展海報設計（1）〕、〔第二回台陽展海報設計（2）〕、〔海報設計初稿〕。

・封面設計〔《瑞穗》第11號封面設計（1）〕、〔《瑞穗》第11號封面設計（2）〕、〔《臺灣民間文學集》封面設計〕。

1937（昭和12年） 43歲

- 1月，塔山速寫。
- 2月9日，鳥嘴山、風穴速寫。
- 2月10-28日，〔淡江風景〕入選第二十四回光風會展覽會於東京府美術館。[133]
- 2月11日，沙美箕溪口速寫。
- 2月15日，在嘉義從事荒地開墾。

　　不單是嘉義市而是臺灣之光的西畫家陳澄波氏，前幾天不知何故，突然在嘉義市南郊的庄有地約一甲[134]的荒地從事開墾與瞨耕（佃耕）的工作。每天利用作畫餘暇，親自拿著鋤頭，感受土地的芬芳。

　　對於純藝術家體質的陳氏而言，或許這是鍛鍊心身的最佳良策。他在景色絕佳的嘉義市南郊的山丘上，以夕陽為背景，揮動鋤頭的模樣，正是畫中之人，這樣的畫面，就已是一幅名畫。
（李）

—出處不詳，約1937.2

1937.1繪製的塔山速寫。

1937.2.15陳澄波（站最高處拿鋤頭者）在嘉義從事荒地開墾的情形。

- 3月8日，發表〈美術の響〉（美術的跫音）於《諸羅城趾》第2卷第3號，頁22-24。
- 4月26日，第三回臺陽展作品公開審查。

　　第三回臺陽美術展覽會，訂來四月二十九日，開于臺北市龍口町教育會館。該展自本回起，對搬入作品，公開鑑查。由會員陳澄波氏外八名連署，去二十日發表聲明書，顧（願）公開鑑查。照所發表聲明，為期鑑查公平，故鑑查當時招待新聞社、雜誌美術記者、美術關係者等立（蒞）會，自四月二十六日起審查。又此公開鑑查，在內地畫展，亦未見其例，為一般美術關係者所注視者云。

　　——〈臺陽美術展　對出品畫　公開鑑查〉《臺灣日日新報》日刊8版，1937.3.24，臺北：臺灣日日新報社

133.〈第24回光風會展覽會目錄〉，收入青木茂監修、東京文化財研究所編纂《近代日本　アート・カタログ・コレクション　032　光風会　第4卷》頁79-162，2002.5.23，東京：株式会社ゆまに書房。
134. 原文「一甲」之後的「步」，為尺貫法的長度和面積的單位。

臺陽展的公開審查於二十六日上午約十點開始，會員的楊佐三郎、李梅樹、李石樵、陳澄波、陳
德旺、洪瑞麟等六人以非常謹慎的態度進行審查。（李）

　—〈臺陽展入選發表　新入選は十八點（臺陽展入選發表　新入選有十八件）〉《臺灣新民報》1937.4.27，

臺北：株式會社臺灣新民報社

・4月29日-5月3日，〔野邊〕、〔港〕、〔妙義山（金洞山）〕、〔赤い家〕（紅屋）、〔阿里
山〕、〔白馬〕參展第三回臺陽展於臺灣教育會館。[135]
△陳澄波　真是個描寫全景（panorama）風景而樂此不疲的作家，不過〔野邊〕是個罕見的佳作，
希望偶而可以看到這樣的創作。（李）

　—平野文平次〈臺陽展漫步〉《臺灣日日新報》日刊6版，1937.5.3，臺北：臺灣日日新報社

・5月6日，與臺陽美術協會同仁拜訪林獻堂，請他觀展，並請求資助。
新五月六日　舊三月二十六日　木曜日　晴　七十七度
（前略）臺陽美術協會楊佐三郎、陳澄波、李石樵、洪瑞麟、李梅樹、陳德旺、許聲基及張星健
來，請八日往公會堂觀展覽會，並要求補助費。即與之五十円。

　—許雪姬主編《灌園先生日記（九）一九三七年》頁166，2004.12，臺北：中央研究院臺灣史研究所、
近代史研究所

・5月8-10日，第三回臺陽展移動展於臺中公會堂。[136]
・5月15-17日，第三回臺陽展移動展於臺南公會堂。[137]

1937.5.8第三回臺陽展南下臺中移動展時，臺陽美協的主要畫家與出面歡迎的臺灣文藝聯盟
會員們合攝。

1937.5.15-17第三回臺陽展臺南移動展於臺南公會堂展出時的紀念照。

135.《第三回臺陽美術協會展覽會目錄》頁6-7，1937.4.29-5.3。
136.《第三回臺陽美術協會展覽會目錄》頁24，1937.4.29-5.3。
137. 同上註。

・6月21日，遊園地一角、鳳凰木速
　寫。
・8月23日，旗山街速寫。
・10月9-11日，〔劍潭山〕參展臺陽美
　術協會、栴檀社、臺灣水彩畫會共同
　舉辦之皇軍慰問臺灣作家繪畫展於臺
　灣教育會館。
非常時期美術之秋──洋溢著本島畫壇
人士赤誠的皇軍慰問臺灣作家繪畫展，
將於九日至十一日在臺北市龍口町教育
會館盛大舉辦，是東洋畫、西洋畫、水

1937.6.21繪製的鳳凰木速寫。

彩畫的綜合小品展，完全是小型臺展的感覺，作品也總計九十五件，不管哪一幅都是彩管報國的
結晶作品。以臺展東洋畫審查員木下靜涯氏的作品為首，秋山春水、武部竹令、宮田彌太郎、藍
蔭鼎、野村泉月、宮田金彌、簡綽然等諸氏的具有時局傾向的作品，尤其是會場的焦點，其他如
丸山福太、陳澄波、陳清汾、李梅樹、楊佐三郎、陳英聲的作品，也有令人想像皇軍慰問使命的
呈現。（李）

　　──〈皇軍慰問繪畫展　愈よけふより開催（皇軍慰問繪畫展　今日起開展）〉《臺灣日日新報》日刊7版，
　　　　　　　　　　　　　　　　　　　　　　　　　　　1937.10.9，臺北：臺灣日日新報社

　　皇軍慰問臺灣作家繪畫展，九日上午九點起在臺北市龍口町教育會館隆重舉辦，鑒於目前局
勢，非常受到歡迎，有相當多的入場者。十二點半，森岡長官也與三宅專屬一起蒞臨會場，也看
到長崎高等副官等人露臉。又，已售出的作品，有李梅樹氏〔玫瑰〕、陳澄波氏〔劍潭山〕、木
下靜涯氏〔淡水〕等等。
　　另外，臺展審查員鹽月桃甫氏以現金代替出品畫，作為皇軍慰問金捐給該展。（李）
　　──〈皇軍慰問の繪畫展　森岡長官けふ來場（皇軍慰問的繪畫展　森岡長官今日蒞臨）〉《臺灣日日新報》
　　　　　　　　　　　　　　　　　　　　　　　夕刊2版，1937.10.10，臺北：臺灣日日新報社

臺陽美術協會、栴檀社、臺灣水彩畫會共同舉辦皇軍慰問展，至十一日為止的三天期間，在臺北市
教育會館盛大開幕，陳英聲作〔奇來主山〕、陳清汾作〔山野之秋〕、戴文忠作〔竹東街道〕的三
件作品由小林總督收購，陳澄波作〔劍潭山〕和李梅樹作〔玫瑰〕的二件作品由森岡長官收購，其
他合計有二十七件作品七百四十五日圓的賣約成立，並已將此所得對分為二，作為慰問金分別贈與
陸軍和海軍。此外，剩下的七十件作品，也以三十五件對分，贈送給陸海軍。（李）
　　──〈彩管報國　皇軍慰問畫展　賣約と贈呈終る（彩管報國　皇軍慰問畫展　賣約與贈呈終了）〉《大阪朝日
　　　　　　　　　　　　　　　新聞（臺灣版）》第5版，1937.10.15，大阪：朝日新聞大阪本社

1937.11.5歡迎王逸雲遊歷嘉義撮影於張宅逸園。前排左起為張李德和抱小孩、王逸雲、張錦燦、陳澄波；後排左起為黃水文、翁崑德、□□□、翁崑輝、林玉山。

1937年11月上旬陳澄波、林江水、郭水生（前排左起）、黃蓮汀、王逸雲（後排左起）攝於赤崁樓。

・11月5日，為歡迎王逸雲遊歷嘉義，與友人合影於張宅逸園。

・11月上旬，與王逸雲等人合影於臺南赤崁樓。

・油畫〔嘉義公園（辨天池）〕、〔嘉義公園（鳳凰木）〕、〔嘉義公園〕。

1938（昭和13年） 44歲

・1月6日，生毛樹公學校、員潭山、從幼葉林眺望交力坪、太平山速寫。

・1月9日，交力坪、女子搬運材木速寫。

・1月，材木搬運夫速寫。

1938.1.6嘉義太平山速寫。

1938.1.9交力坪速寫。

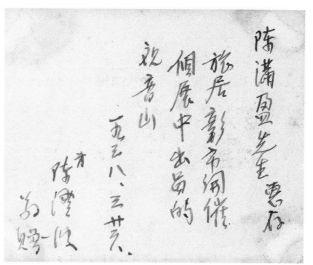

照片背後文字:「陳滿盈先生惠存　旅居彰市開催個展中出品的觀音山一九三八、三、廿六　弟 陳澄波 敬贈」。

- 2月16日-3月6日,〔嘉義遊園地〕入選第二十五回光風會展覽會。[138]
- 2月19日,劍潭寺速寫。
- 2月,霧峰速寫。
- 3月26日,個展於彰化,展出〔觀音山〕等作品。[139]
- 4月25-26日,審查第四回臺陽展作品。

　第四回臺陽展鑑查自二十五日起,二十六日也從上午九點開始,繼續由楊佐三郎、陳澄波、李梅樹、李石樵等諸會員進行慎重的鑑查,嚴選的結果,入選件數六十二件、入選者四十八名,其中新入選者十九名。其他還有特別遺作出品十一件、會員出品二十八件、會友出品十件。(李)

　　—〈臺陽展入選の發表(臺陽展入選的發表)〉《臺灣日日新報》日刊11版,1938.4.27,臺北:臺灣日日新報社

- 4月29日-5月2日,〔裸婦〕、〔ダリヤ〕(大理花)、〔劍潭寺〕、〔新高の日ノ出〕(新高日出)、〔辨天池〕(現名〔嘉義公園(辨天池)〕)、〔鳳凰木〕(現名〔嘉義公園(鳳凰木)〕)、〔嘉義公園〕、〔妙義山〕參展第四回臺陽展於臺灣教育會館。[140]

　展覽會的成績,場面比預計的還要熱鬧盛大。會務的關係,在臺北待個三、四天,寫一下生之後再回去。接下來會在彰化創作。目前一張畫都沒賣出去。今後手頭上會有些吃緊。

　到彰化後再想辦法吧!碧女和重光有認真唸書嗎?(李)

　　—1938.5.1陳澄波致陳紫薇之明信片

　陳澄波君是個表現時好時壞的畫家,但這次好像還蠻穩定的。〔嘉義公園〕和〔新高日出〕,佳。(李)

　　—岡山蕙三〈臺陽展の印象(臺陽展的印象)〉《臺灣日日新報》日刊3版,1938.5.3,臺北:臺灣日日新報社

138.〈第二十五回光風會展覽會目錄〉,收入青木茂監修、東京文化財研究所編纂《近代日本　アート・カタログ・コレクション　032　光風會　第4卷》頁163-254,2002.5.23,東京:株式会社ゆまに書房。
139. 此個展之資料目前僅有陳澄波致贈給陳滿盈之照片背後文字。
140.《第四回臺陽美術協會展覽會目錄》頁17-18,1938.4.29-5.1。

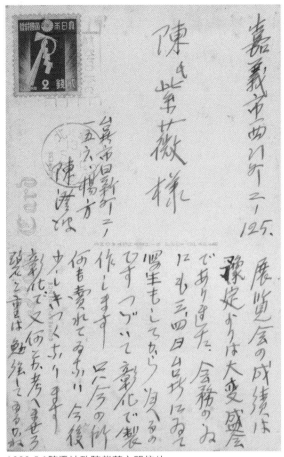

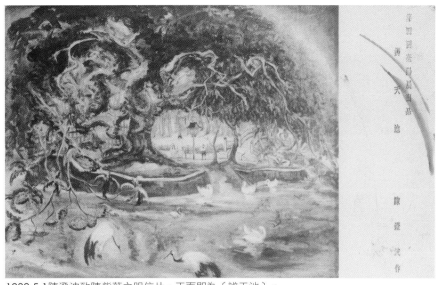

1938.5.1陳澄波致陳紫薇之明信片，正面即為〔辨天池〕。

1938.5.1陳澄波致陳紫薇之明信片。

陳澄波收藏的《第四回臺陽展美術協會展覽會目錄》，封面插圖為
其所畫。

陳澄波攝於1938年第四回臺陽展展場——臺灣教育會館。右三作品為〔辨天池〕、左三為〔嘉義公園〕、
左二為〔鳳凰木〕。

1938年第四回臺陽展畫友們於臺灣教育會館合影。
右起為陳春德、呂基正、楊三郎、李梅樹、李石樵和陳澄波。
（圖片提供／呂基正後代家屬）

陳澄波特別印製的〔古廟〕明信片。

1938年繪製的孔子廟速寫。

- 10月21日-11月3日，〔古廟〕（無鑑查）入選第一回臺灣總督府美術展覽會（簡稱「府展」）於臺灣教育會館。[141]

本島美術的最高□第一回官展的嘉義市入選者，西洋畫七件出品，招待出品一件：〔古廟〕—陳澄波氏，入選二件：〔月台（platform）〕—翁崑德君以及〔蓖麻與小孩〕—林榮杰君；東洋畫八件出品，招待出品一件：〔雄視〕—林玉山君，入選六件：〔蓮霧〕—林東令君、〔蓖麻〕—高銘村君、〔閑庭〕—張李德和女士、〔菜花〕—張敏子小姐、〔向日葵〕—黃水文君、〔蕃石榴〕—江輕舟君等六名，入選者二十七名中占兩成以上，如此前有未有的佳績，市民們都高興地像是自己的事似的。（李）

　—〈嘉義は畫都　入選者二割を占む（嘉義乃畫都　入選者占兩成）〉《臺灣日日新報》日刊5版，1938.10.20，
臺北：臺灣日日新報社

以招待出品的陳澄波〔古廟〕，再怎麼看都感受不到美。或許是感覺上的差異吧！（李）
　—岡山蕙三〈府展漫評（四）　洋畫の部（府展漫評（四）　西洋畫部）〉《臺灣日日新報》日刊3版，
1938.10.28，臺北：臺灣日日新報社

- 油畫〔椰林〕、〔南郭洋樓〕。
- 孔子廟速寫。
- 《第四回臺陽展美術協會展覽會目錄》封面設計。

1939（昭和14年）　45歲

- 1月，油畫〔園〕由長女紫薇贈送給好友林奇玉做為結婚賀禮。[142]
- 2月19日-3月5日，〔椰子林〕入選第二十六回光風會展覽會。[143]

---

141. 臺灣總督府編《第一回府展圖錄》頁24（西洋畫），1939.3.25，臺北：臺灣總督府。
142. 結婚日期由林奇玉家屬提供。
143. 〈第廿六回光風會展覽會目錄〉，收入青木茂監修、東京文化財研究所編纂《近代日本　アート・カタログ・コレクション　033　光風會　第5卷》頁1-84，2002.5.23，東京：株式會社ゆまに書房。

油畫〔園〕及背後文字。

水彩〔海邊岩石〕。　　　　　　　〔南瑤宮〕明信片。

・2月，水彩〔海邊岩石〕。

・4月28日-5月1日，〔南瑤宮〕（現名〔水邊（南瑤宮）〕）、〔春日〕、〔駱駝〕等參展第
　五回臺陽展於臺灣教育會館。[144]

　陳澄波氏的諸作中，〔春日〕是最具風土芳香的作品，其表現看似有些平凡，但在不平凡、陽光
　灑落的悠久天地之間，作者恬靜的生活感情緩緩滲出、顫動著。〔南瑤宮〕也是明快的佳作。
　〔駱駝〕也很有趣。（李）

　　　　　—加藤陽〈臺陽展を見る（臺陽展觀後感）〉《臺灣日日新報》日刊3版，1939.5.6，臺北：臺灣日日新報社

・5月4日，與楊佐三郎、李石樵、李梅樹、楊基先等人拜訪林獻堂，並請求資助臺陽展。

　新五月四日　舊三月十五日　水曜日　曇　七十一度

　（前略）楊基先同楊佐三郎、陳澄波、李石樵、李梅樹外一名來，請寄附六日起三日間在臺中所
　開油畫展覽會（臺陽美術協會）之費用七十円，許之，即交其帶去。

　　　　　—許雪姬主編《灌園先生日記（十一）一九三九年》頁177，2006.6，臺北：中央研究院臺灣史研究所、近代史研究所

---

144. 展覽日期參閱〈第五回臺陽展　搬入は四月二十三日〉《臺灣日日新報》日刊6版，1939.4.2，臺北：臺灣日日新報社。

・5月6-8日，第五回臺陽展臺中移動展在臺中公會堂舉行。[145]

・5月6日，林獻堂前往參觀第五回臺陽展臺中移動展，陳澄波、楊佐三郎、李石樵與李梅樹等人均在展場。

新五月六日　舊三月十七日　土曜日　曇　七十六度

（前略）十時半成章同往臺中高砂町看雪霞，她正在洗髮，待其洗畢雜談片刻，乃往公會堂看臺陽美術協會主催之展覽會。楊佐三郎、李石樵、陳澄波、李梅樹俱在，為之買李梅樹所畫一幅，其金將以作皇軍慰問云。

—許雪姬主編《灌園先生日記（十一）一九三九年》頁180，2006.6，

臺北：中央研究院臺灣史研究所、近代史研究所

　　臺北的展覽會結束，來到了臺中。六、七、八日在臺中，十三、十四日在彰化。臺南則是二十日起的三天[146]。

　　這邊應該也會以盛況收尾，錢今天會寄回去，代我向大家問好（要用功！！）

再見！

陳澄波　五月五日（李）

—1939.5.5陳澄波致陳重光之明信片

・5月13-14日，第五回臺陽展彰化移動展在彰化公會堂舉行。[147]

・6月3-5日，第五回臺陽展臺南移動展在臺南公會堂舉行。[148]

・6月10日，與李梅樹、李石樵、楊佐三郎等訪問軍司令部以及海軍武官室，並將第五回臺陽展售畫金額捐獻給陸軍和海軍作為恤兵金。

第五回臺陽展在臺北舉辦之後，作品搬至臺中、彰化、臺南等地舉辦移動展，慰問畫已售件數總共五十六件，金額計有二百八十四圓七十錢的實際收入，完成了彩管報國的小小願望，並於十日上午十點，該展會員陳澄波、李梅樹、李石樵、楊佐三郎等四氏，訪問軍司令部以及海軍武官室，將前記金額分成兩份各為一百四十二圓三十五錢，分別捐獻給陸軍、海軍作為恤兵金。（李）

—〈臺陽展會員から恤兵金（臺陽展會員捐贈恤兵金）〉《臺灣日日新報》夕刊2版，1939.6.11，

臺北：臺灣日日新報社

・6月27日，宜蘭龜山島速寫。

・6月，龜山風景、宜蘭公園速寫。

---

145. 〈臺陽展、臺中公會堂に開催〉《臺灣日日新報》日刊5版，1939.5.5，臺北：臺灣日日新報社。
146. 原預定20日起的三天在臺南公會堂舉辦的臺陽展移動展，因故改期至6月3日至5日舉行。參閱〈移動臺陽展　臺南は六月三日から〉《臺灣日日新報》日刊9版，1939.5.25，臺北：臺灣日日新報社。
147. 〈移動、臺陽展〉《臺灣日日新報》日刊5版，1939.5.15，臺北：臺灣日日新報社。
148. 〈移動臺陽展　臺南は六月三日から〉《臺灣日日新報》日刊9版，1939.5.25，臺北：臺灣日日新報社。

1939.8.31蒲添生（前排左八）與陳紫薇（前排左七）結婚照。前排左二至左六為張捷、陳前民、陳澄波、張李德和、陳白梅；二排左一為陳碧女；三排右一為陳淑貞、右二為陳重光。

陳澄波於長女紫薇歸寧簽名簿中所畫之水彩〔山之巔〕。

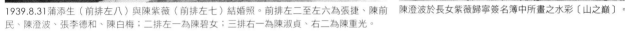

- 7月，宜蘭北關速寫。
- 8月31日，長女紫薇與蒲添生結婚，贈送油畫〔駱駝〕為賀禮。
- 9月3日，長女紫薇歸寧，陳澄波畫水彩〔山之巔〕於歸寧簽名簿《怡目騁懷集》上。
- 9月23日抵達東京。

二十三日晚上抵達東京。姊姊和大家都很好，幫我跟媽媽他們說一聲。東京轉涼了，到處都在開畫展。這是你姊夫的作品，還另有三件。我們在找新的住處，找著了再通知你們。爸爸的畫，〔濤聲／tosei〕（五十號）也就是畫海浪的那張最好。大概會和姊姊一起回去，叫你媽別擔心！再見！要好好用功喔！

陳澄波　二十五日（李）

—1939.9.25陳澄波致陳重光、陳碧女之明信片

- 10月15日，東京後樂園速寫。
- 10月16日，東京宸苑莊速寫。
- 10月27日，由東京返臺。

水上的事，等我回家再說。我坐二十七日的船回去。因為要參加臺展，所以大概會在十一月五日左右回到嘉義。急的話，可以先請水上鄉公所的張煌武先生到家裡來談看看。跟你姊夫和你姊姊都說了，但他們只是笑笑而已。另外，照片好像還沒照。東京變得好冷！沒有重光的來信！

陳澄波 20日（李）

—1939.10.20陳澄波致陳碧女、陳重光、陳淑貞之明信片

・10月28日-11月6日，〔濤聲〕（推選／推薦）入選第二回府展於臺灣教育會館。[149]

B……其次是陳澄波的〔濤聲〕。

C色彩感覺很晦暗。

A總之不太高明。不過，根據過去的經歷，給它推薦還算適當。（李）

—合評／A山下武夫、B西尾善積、C高田畯〈府展の西洋畫（中）（府展的西洋畫（中））〉《臺灣日日新報》

日刊6版，1939.11.3，臺北：臺灣日日新報社

・水彩〔海邊〕。

1939.10.15東京後樂園速寫。

油畫〔濤聲〕。

1939年張李德和與三女張麗子府展特選祝賀會紀念。前排右六為張李德和，後排右五為陳澄波、右四為林玉山。

陳澄波與三女白梅、次子前民合影，約1939年攝。

149.臺灣總督府編《第二回府展圖錄》（1940.8.15，臺北：臺灣總督府）頁17（西洋畫）中刊載的是「推選」；《臺灣日日新報》日刊7版〈特選の變り種　初入選の女流と遺作（特選之變種　初次入選之女流與遺作）〉（1939.10.25，臺北：臺灣日日新報社）中刊載的是「推薦」。

1940（昭和15年） 46歲

・2月14日-3月3日，〔水邊〕入選第二十七回光風會展覽會於東京府美術館。[150]

・2月16日，鴉社舉辦皇軍慰問全島書畫展覽會於嘉義公會堂，二女碧女畫作入選，陳澄波前往參觀並與相關成員合影。[151]

1940.2.16鴉社舉辦皇軍慰問全島書畫展覽會於嘉義公會堂，陳澄波（四排右九）與相關人士合影。四排左二為張李德和、四排右七為陳碧女。

・4月27-30日，〔牛角湖〕、〔日の出〕（日出）、〔江南春色〕（現名〔池畔〕）、〔嵐〕參展第六回臺陽展於臺北公會堂。[152]

陳澄波君之作〔日出〕，整幅畫生動盎然，尤其醒目。（李）

——岡田穀〈臺陽展を觀る（觀臺陽展）〉《臺灣日日新報》日刊6版，1940.5.2，臺北：臺灣日日新報社

▽〔牛角湖〕、〔日出〕、〔江南春色〕、〔嵐〕——陳澄波作

楊 〔江南春色〕，昔日的優點回來了，讓人放心。

李（梅） 右邊的籬笆的技法，不論是形狀還是質感，都有他人無法效法之處。從此出發吧！期待日後的表現。（中略）

陳澄波 今年好像終於得到誇獎了，但我今後不管是被誇獎還是被批判，都不會在意，會專注在

150.〈光風會展覽會出品目錄27〉，收入青木茂監修、東京文化財研究所編纂《近代日本 アート・カタログ・コレクション 033 光風会 第5卷》頁85-162，2002.5.23，東京：株式会社ゆまに書房。

151.〈皇軍慰問の全島書畫展覽會 十六日から嘉義市で（皇軍慰問全島書畫展覽會 十六日起在嘉義市）〉《臺灣新民報》第7版，1940.2.15，臺北：株式會社臺灣新民報社。

152.〈第六回臺陽美術協會展覽會目錄〉《臺灣藝術》第4號（臺陽展號），頁22，1940.6.1，臺北：臺灣藝術社。

陳澄波收藏的皇軍慰問全島書畫展紀念品。

1940.6.1出版的《臺灣藝術》第4號，為第六回臺陽展專號。

找回自我。我之前因為展覽會的紛擾，很長一段時間追著各種風格團團轉。去年上東京時，還被田邊和寺內兩位老師警告說：再不跳脫你自己的畫法，就不要怪我們不理你囉！在此建請作家諸君也以自己的畫法互勉互勵，在磨練中成長。並勤於鍛鍊諳於觀察的眼睛和描寫能力，例如淡水風景和安平風景的相異點為何？山中的池塘和平地的池塘有何不同？庭院裡的石頭和山裡的石頭又有何不同？也就是去追究這些感覺的差異。畫得不好的地方，大家盡量批評。總之，放手去畫吧！（李）

—〈臺陽展合評座談會（三）　廿七日夜　臺北公會堂で（臺陽展合評座談會（三）　廿七日夜於臺北市公會堂）〉《臺灣新民報》第8版，1940.5.2，臺北：株式會社臺灣新民報社

陳澄波逐漸找回了自我，從去年開始創作狀況越來越好。〔牛角湖〕是一幅輕鬆小品，但那個畫框的色調有點偏白，應再考慮。（李）

—G生〈第六回台陽展を觀る（第六回臺陽展觀後感）〉《大阪朝日新聞（臺灣版）》第5版，1940.5.2，大阪：朝日新聞大阪本社

陳澄波氏的〔日出〕，是件難得展現作者霸氣的作品，但希望這位作者能有內在的層面誕生，並施以磨練。（李）

—吳天賞〈臺陽展洋畫評〉《臺灣藝術》第4號（臺陽展號），頁12-14，1940.6.1，臺北：臺灣藝術社

· 4月27日，晚間6點至9點半出席「臺陽展合評座談會」於臺北公會堂。[153]
· 5月5日，擔任霧峰林家下厝林資彬長男林正雄與張錦燦女兒張敏英婚禮證婚人。
· 5月10日，與安西勘市、劉新祿、翁焜輝、翁崑德、張義雄、戴文忠、林榮杰、林夢龍出席青辰

153.〈臺陽展合評座談會（一）　廿七日夜　臺北公會堂で（臺陽展合評座談會（一）　廿七日夜　臺北市公會堂）〉《臺灣新民報》1940.4.30，臺北：株式會社臺灣新民報社。

1940.5.5霧峰林家下厝林資彬（前排左十一）長男林正雄（前排左十三）與張錦燦（前排右九）女兒張敏英（前排右十一）結婚紀念照。陳澄波（前排右十）當證婚人。前排右七為張李德和。

陳澄波與青辰美術協會會員合影，左起為翁焜輝、翁崑德、張義雄、劉新祿、陳澄波、安西勘市、林榮杰、林夢龍；右上方照片為戴文忠。

美術協會第一回研究會於嘉義市新富町曙幼稚園。[154]

· 6月1日，發表〈私はヱノグです（我是油彩）〉於《臺灣藝術》第4號，頁20。

· 6月15日，與安西勘市、劉新祿、翁焜輝、翁崑德、戴文忠、林榮杰、林夢龍出席青辰美術協會第二回研究會於嘉義郡民雄庄劉宅畫室。[155]

· 7月21日，與翁焜輝、翁崑德、戴文忠、林榮杰、林夢龍、林玉山出席青辰美術協會第三回研究會於曙幼稚園。[156]

· 8月29日，與林玉山、張李德和、安西勘市、翁焜輝、翁崑德、戴文忠、劉新祿、林榮杰、林夢龍出席青辰美術協會成立大會於嘉義市山田石堂二樓，並擔任青辰美術協會特別會員。[157]

【嘉義電話】住在嘉義地區的西畫家們，為了紀念光輝的皇紀二千六百年和會員相互間的連絡與親睦，也同時為了對西畫界發展的期許，之前便開始計畫組織青辰美術展，如今準備已妥，故從二十九日下午八點開始，於市內的山田食堂二樓舉行成立大會，接著從三十日至九月二日的四天，在同一地點舉辦第一回青辰美術展。（李）

—〈青辰美術展　嘉義市で開催（青辰美術展　在嘉義市舉辦）〉《臺灣日日新報》日刊第7版，1940.8.31，

臺北：臺灣日日新報社

· 8月30日-9月2日，〔夏日〕、〔吳鳳廟〕等參展第一回青辰美術展覽會於嘉義市山田石堂二樓。[158]

· 10月6日，與安西勘市、翁焜輝、翁崑德、劉新祿、林榮杰、原崎武知、奧典男出席青辰美術協會第五回研究會於曙幼稚園。[159]

1940.8.9所畫之風景速寫（左）構圖與入選第三回府展的〔夏之朝〕（右）相似。

---

154. 參閱翁永真藏、翁焜輝撰寫《皇紀二六〇〇年　記錄帖　青辰美術協會》頁1，1940-1941。
155. 參閱翁永真藏、翁焜輝撰寫《皇紀二六〇〇年　記錄帖　青辰美術協會》頁1。
156. 參閱翁永真藏、翁焜輝撰寫《皇紀二六〇〇年　記錄帖　青辰美術協會》頁2。
157. 參閱翁永真藏、翁焜輝撰寫《皇紀二六〇〇年　記錄帖　青辰美術協會》頁3-4。
158. 參閱翁永真藏、翁焜輝撰寫《皇紀二六〇〇年　記錄帖　青辰美術協會》頁5-7。
159. 參閱翁永真藏、翁焜輝撰寫《皇紀二六〇〇年　記錄帖　青辰美術協會》頁8-9。

1940.12.15皇紀二千六百年奉祝展覽會紀念照於嘉義公會堂。前排左三為陳澄波。

〔抱肘裸女〕是陳澄波目前有年代紀錄的裸女油畫中，最後一張繪製的。

・10月26日-11月4日，〔夏の朝〕（夏之朝）（無鑑查）入選第三回府展於臺灣教育會館。[160]

　吳：陳澄波返老還童了呢。

　楊：陳君若真的返老還童了，應該高興才對。其作品貴於天真無邪、坦誠。將來可期。（李）

　　　　—對談／楊佐三郎、吳天賞〈第三回府展の洋畫に就いて（第三回府展的洋畫）〉《臺灣藝術》第9號，

頁31-33，1940.12.20，臺北：臺灣藝術社

・10月，病房速寫。

・11月17日，高女舉球比賽速寫。

・11月24日，與安西勘市、翁崑德、戴文忠、林榮杰、原崎武知、奧典男、石山定俊、矢澤一義出席青辰美術協會第六回研究會於曙幼稚園。[161]

・12月14-15日，〔淡水風景〕、〔夏の朝〕、〔初冬〕參展八紘畫會、青辰美術協會舉辦之皇紀二千六百年奉祝展覽會於嘉義公會堂。[162]

・油畫〔抱肘裸女〕。

160. 臺灣總督府編《第三回府展圖錄》頁7（西洋畫），1941.2.15，臺北：臺灣總督府。「無鑑查」記錄參閱1.〈第三回府展入選發表　新入選是僅かに十五名（第三回府展入選發表　新入選僅有十五名）〉《臺灣日日新報》日刊7版，1940.10.22，臺北：臺灣日日新報社；2.〈譽れの臺展入選者　きのふ發表さゐ（榮譽的臺展入選者　昨日名單發表）〉《臺灣新民報》第2版，1940.10.22，臺北：株式會社臺灣新民報社。
161. 參閱翁永真藏、翁焜輝撰寫《皇紀二六〇〇年　記錄帖　青辰美術協會》頁9-10。
162. 參閱翁永真藏、翁焜輝撰寫《皇紀二六〇〇年　記錄帖　青辰美術協會》頁10-13。

1941（昭和16年） 47歲

- 1月26日，與安西勘市、翁焜輝、翁崑德、戴文忠、林榮杰、原崎武知、奧典男、池田憲男出席青辰美術協會第七回研究會於曙幼稚園。[163]

- 1月，彰化鹿港辜家速寫。

- 2月9日，與翁焜輝、翁崑德、戴文忠、林榮杰、原崎武知、池田憲男、張李德和出席青辰美術協會第八回研究會於諸峰醫院。[164]

- 2月14日-3月1日，〔池畔〕入選第二十八回光風會展覽會於東京府美術館。[165]

- 2月26日，油畫〔淡水風景〕、素描〔八卦山〕參展青辰美術協會主辦之皇軍傷病兵慰問作品展。[166]

- 3月9日，與林榮杰、池田憲男、矢澤一義等出席青辰美術協會第九回研究會於諸峰醫院。[167]

- 春，與郭雪湖、中村敬輝、楊佐三郎、林玉山、李梅樹合繪〔淡水寫生合畫〕。

〔池畔〕於1940年曾以〔江南春色〕之名參展臺陽展。

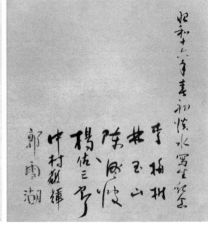

〔淡水寫生合畫〕背後有六人的簽名。

- 4月26-30日，〔風景〕等四件作品參展第七回臺陽展於臺北公會堂。[168]

網羅本島畫壇中堅級作家的第七回臺陽展，將於二十六日上午九點開始在臺北市公會堂一般公開，裝飾會場的東洋畫三十三件、西洋畫七十三件以及今年新設的彫刻部作品二十件，一件件均是在戰時之下呈現美術蓬勃有朝氣的直率作品。尤其是在東洋畫部的村上無羅和郭雪湖兩人的作品中，可以看到新技法；在西洋畫部會員李梅樹、陳澄波、楊佐三郎、劉啟祥、李石樵等人的作品中，也都可以發現進步的跡象。彫刻部方面，鮫島臺器氏的強有力的作品或陳夏雨氏的小品之美，則令鑑賞者感到欣喜。展期到三十日為止。（李）

— 〈公會堂の臺陽展　今年から彫刻部を新設（公會堂的臺陽展　今年起新設彫刻部）〉《臺灣日日新報》

夕刊2版，1941.4.27，臺北：臺灣日日新報社

163. 參閱翁永真藏、翁焜輝撰寫《皇紀二六〇〇年　記錄帖　青辰美術協會》頁13-14。
164. 參閱翁永真藏、翁焜輝撰寫《皇紀二六〇〇年　記錄帖　青辰美術協會》頁14。
165. 〈紀元二千六百一年第二十八回光風會展覽會出品目錄〉，收入青木茂監修、東京文化財研究所編纂《近代日本　アート・カタログ・コレクション　033　光風会　第5卷》頁163-242，2002.5.23，東京：株式会社ゆまに書房。
166. 參閱翁永真藏、翁焜輝撰寫《皇紀二六〇〇年　記錄帖　青辰美術協會》頁15。
167. 參閱翁永真藏、翁焜輝撰寫《皇紀二六〇〇年　記錄帖　青辰美術協會》頁15-16。
168. 王白淵〈臺灣美術運動史〉《臺北文物》第3卷第4期，頁16-64，1955.3.5，臺北：臺北市文獻委員會。

- ・5月10-11日，第七回臺陽展移動展於臺中公會堂。[169]
- ・5月14-15日，第七回臺陽展移動展於彰化公會堂。[170]
- ・5月24-25日，第七回臺陽展移動展於臺南公會堂。[171]
- ・5月31日-6月1日，第七回臺陽展移動展於高雄公會堂。[172]
- ・6月，臺南關子嶺速寫。
- ・7月5日，臺南新樓速寫。
- ・10月上旬，從東京返臺。

（前略）臺展打算送大號的南國風景參加，就是碧女喜歡的那張有牆角的畫。今晚會去問一下老師的意見。石樵先生借了我一個很好的五十號畫框，這件很出色，應該可以拿到特選。你姊夫也很努力在創作，十月上旬會一起回去。我們不在時你們要乖喔！再見！ 澄波（李）

—1941.9.22陳澄波致陳碧女、陳重光明信片

- ・10月24日-11月5日，〔新樓風景〕（無鑑查）入選第四回府展於臺灣教育會館。[173]
- ・11月10日，大森山莊速寫。
- ・11月，太子亭速寫。
- ・加入日本圖畫工作協會，成為會員。[174]
- ・油畫〔新樓庭院〕、〔長榮女中學生宿舍〕、〔長榮女中校園〕。

1941.7.5繪製的臺南新樓速寫。

入選第四回府展的〔新樓風景〕。

169. 〈臺陽美術展　近く臺中で〉《臺灣日日新報》日刊4版，1941.5.10，臺北：臺灣日日新報社。
170. 同上註。
171. 〈臺陽美術協會の地方移動展〉《臺灣日日新報》夕刊2版，1941.5.6，臺北：臺灣日日新報社。
172. 同上註。
173. 臺灣總督府編《第四回府展圖錄》頁74（西洋畫），1942.3.31，臺北：臺灣總督府。「無鑑查」記錄參閱〈きのふ發表　第四回府展入選者　新入選は二十八名（昨日發表　第四回府展入選者　新入選有二十八名）〉《臺灣日日新報》日刊3版，1941.10.24，臺北：臺灣日日新報社。
174. 《日本圖畫工作協會會員名簿》頁93，1941.5，東京：日本圖畫工作協會。

1942（昭和17年） 48歲

- 2月14日-3月1日，〔オ花ヲ摘ム女達〕（摘花的女孩們）入選第二十九回光風會展覽會於東京府美術館。[175]

- 4月1日-1943年3月31日，加入美術家聯盟，成為會員。[176]

- 4月26日-30日，〔新樓風景（一）〕等四件參展第八回臺陽展於臺北公會堂。[177]

陳澄波的〔新樓風景（一）〕，是一幅清新細緻，值得珍愛的小品，希望畫家再加把勁將這個氛圍發展成大型作品。然而，畫家近年來不斷掙扎而來的大作也因為有新味的加入，今年似乎更顯年輕了。（李）

—陳春德〈全と個の美しさ　今春の臺陽展を觀て（整體與個別之美——今春的臺陽展觀後感）〉

《興南新聞》第4版，1942.5.4，臺北：興南新聞臺灣本社

- 5月1日，下午兩點半與臺陽美協會員李梅樹拜訪軍司令部捐獻九件作品；三點半拜訪臺北在勤海軍武官府捐獻五件作品。

這次在臺北市公會堂舉辦的由臺陽美術協會主辦的第八回臺陽展，博得好評，陳列在該展皇軍獻納畫室的日本畫、西洋畫，皆預定捐獻給陸軍部和海軍部。一日下午兩點半，該協會會員李梅樹、陳澄波兩氏，至軍司令部慰問，捐獻了以赤誠揮灑彩管的作品九件，接著下午三點半，走訪臺北在勤海軍武官府，捐獻了作品五件。陸軍和海軍也都表示了感謝之意。（李）

—〈陸海軍部へ繪畫を獻納（向陸海軍部捐獻繪畫）〉《臺灣日日新報》日刊3版，1942.5.2，

臺北：臺灣日日新報社

- 10月19-29日，〔初秋〕（推薦・無鑑查）入選第五回府展於臺北公會堂。[178]

李石樵、李梅樹、楊佐三郎、陳澄波、秋永紀（繼）春、田中清汾等人的三年期限的推薦資格，都是今年到期，並再次擠進了惟（推）薦這個榮譽的名單，在此特別只列出本島人諸君，是因為想要思考一下從他們身上所看到的共通的藝術精進的性格。有這樣的想法，是有原因的，並非對他們隨便投以奇怪的眼光。（中略）

第五回府展推薦入選的〔初秋〕。

---

175. 〈29光風會展出品目錄〉，收入青木茂監修、東京文化財研究所編纂《近代日本　アート・カタログ・コレクション　033　光風會　第5卷》頁243-320，2002.5.23，東京：株式会社ゆまに書房。

176. 參閱1942年「美術家聯盟會員證」。

177. 王白淵〈臺灣美術運動史〉《臺北文物》第3卷第4期，頁16-64，1955.3.5，臺北：臺北市文獻委員會。

178. 臺灣總督府編《第五回府展圖錄》頁23（西洋畫），1943.5.31，臺北：臺灣總督府。「無鑑查」記錄參閱〈第五回府展入選者　きのふ發表　新入選は三十六點（第五回府展入選者　昨天發表　新入選三十六件）〉《臺灣日日新報》日刊3版，1942.10.17，臺北：臺灣日日新報社。

陳澄波和秋永紀（繼）春的作品，雖然很努
力，但成果很差。極端來說，兩人好似身陷前程未
卜的污泥，卻還一副悠哉的樣子。（李）

　　—立石鐵臣〈府展記〉《臺灣時報》第25卷第11號，頁
122-127，1942.11.10，臺北：臺灣時報發行所

·11月，公園、辨天前速寫。

1942.11繪製的辨天前風景速寫。

1943（昭和18年） 49歲

·4月28日-5月2日，〔嘉義公園〕等作參展第九
回臺陽展於臺北公會堂。[179]

臺陽美術展也迎接第九回，今天起開放參觀，在此決戰時刻之下，作家們都各自拚命地努力創
作，以陽光之畫促使美術之花盛開，而總件數也有超過數百件的盛況。和彩畫方面有故呂鐵洲
（州）畫伯的遺作特別出品，該畫伯最近頓然在表現鄉土愛的風景畫方面欣見獨自風格的發芽，
可惜英年早逝，展場中除了得以緬懷畫伯的清秀的作品之外，村上無羅、林玉山、林林之助諸氏
的作品也構成了有個性的展覽。至於西畫部，僅次於以楊佐三郎、陳澄波、李石樵、李梅樹、陳
春德氏等人為中核的作家群，新進畫家諸氏的接續部隊中也可以察覺出一點點新氣象。彫刻方
面，陳夏雨、蒲添生氏的肖像作品有幾件受到注目。另外，該展本日起有五天的展期，舉辦到五
月二日。（李）

　　—〈力作揃ひの臺陽美術展（力作齊聚的臺陽美術展）〉《臺灣日日新報》日刊3版，1943.4.28，
臺北：臺灣日日新報社

春德：陳澄波今年如何？
石樵：綠色變得很漂亮。有全景圖（panorama）的效果，但細節有必要再予以省略。有點過於神經
質。
春德：點景人物仍舊很出色。（李）

　　—評者／陳春德、林玉山、林林之助、李石樵、蒲添生，文／陳春德〈臺陽展合評〉《興南新聞》第4版，
1943.4.30，臺北：興南新聞臺灣本社

·5月5日，臺灣美術奉公會成立，擔任理事。

經過皇奉本部文化部的幹旋，持續胎動的臺灣美術奉公會，終於在五日端午佳節誕生。目前分為
第一部日本畫、第二部油畫兩個部門，但未來以囊括彫塑、工藝、宣傳美術等各部門為營運方
針，會長由山本皇奉事務總長擔任，其他幹部名單決定如下。

179.〈嘉義公園（第九回臺陽展出品）陳澄波〉《興南新聞》第4版，1943.4.25，臺北：興南新聞臺灣本社。

理事長：鹽月桃甫

理事：木下靜涯、立石鐵臣、楊佐三郎、郭雪湖、飯田實雄、李梅樹、宮田晴光、丸山福太、松
　　　本透、李石樵、秋永繼春、陳澄波、御園生暢哉、林玉山、高梨勝瀞、村山（上）無羅、
　　　南風原朝光、西尾善積、田中清汾、陳進

幹事長：桑田喜好

幹事：高田壽、大賀湘雲、岸田清、水谷宗弘、久保田明之

第一部委員長：木下靜涯、委員：長谷德和等十五名

第二部委員長：鹽月桃甫、委員：藍蔭鼎等二十八名（李）

　　　　—〈台灣美術奉公會誕生　理事長に鹽月桃甫氏（臺灣美術奉公會誕生　理事長為鹽月桃甫）〉《朝日新聞
　　　　　　　　　　　　　　　　　　　　　　　（臺灣版）》第4版，1943.5.2，大阪：朝日新聞大阪本社

・5月19日，下午至晚間，在臺北張文環住處與李石樵、呂赫若見面暢談。

早上雖去上班，但靜不下心而去文環家，很快就又回公司。想睡。下午再去大稻埕。在文環家與
李石樵、陳澄波碰面聊天。三點半去新舞台看富士戲團。下班後，和李、陳、加上吳氏，在文環
家一道吃飯，喝「金雞」酒。雨沛然而降，就《興南新聞》文化欄的問題談個沒完沒了。關懷同
志、尊重前輩是很重要的。十點回家，如鵬已來了。

　　　　　　　　　　　　　　　　　　　　　　　　　　　　　　　　—《呂赫若日記》1943.5.19。

　　　　參閱臺灣史研究所臺灣日記知識庫，https://taco.ith.sinica.edu.tw/tdk/呂赫若日記/1943-05-19

・5月21日，返回嘉義。

臺陽展會員陳澄波十九日上臺北從事創作，二十一日歸嘉義。（李）

　　　　　　　　　　—〈文化消息〉《興南新聞》第4版，1943.5.24，臺北：興南新聞臺灣本社

1943.10 陳澄波致陳碧女之明信片，背後為陳碧女入選府展之作品〔山を望む〕（望山）。

・10月26日-11月4日，〔新樓〕（推薦・無鑑查）與二女碧女之〔山を望む〕（望山）入選第六回府展於臺北公會堂。[180]

　　陳澄波的〔新樓〕仍然顯示陳氏獨自的境地。這個不失童心的可愛作家，就像亨利・盧梭（Henri Julien Félix Rousseau）一樣，經常給我們的心靈帶來清新感。十年如一日般，一直持續守護著自己孤壘的陳氏，在好的意義上，是很像藝術家的藝術家。陳氏的畫，以前和現在都一樣。既沒進步也沒退步。總是像小孩般興高采烈地作畫。僅僅希望陳氏的藝術能有更多的深度和「寂」（sabi）[181]。然而，這或許就像是要求小孩要像大人一樣，勉強不來。陳氏的世界，就是有那麼的獨特。（中略）

　　磯部正男的〔月眉潭風景〕是與陳澄波畫作幾乎分辨不出來，同樣傾向的畫。雖不知這是在陳氏的影響之下製作的畫，還是出自磯部氏自身本質的必然結果，總之，真會畫這麼相似的畫。高原荒僻的鄉村情調十足。點綴在那裡的人物，也總覺得像神仙。（中略）

　　陳碧女的〔望山〕，不愧是陳澄波的女兒，是有乃父之風的畫。雖然還有許多幼稚之處，但希望可以成為不比父親遜色的優秀藝術家。（李）

　　　　　　　—王白淵〈府展雜感——藝術を生むもの（府展雜感——孕育藝術之物）〉《臺灣文學》第4卷第1期，

　　　　　　　　　　　　　　　　　　　　　　　　　頁10-18，1943.12，臺北：臺灣文學社

・作品〔母性愛〕參加美術總突擊獻納畫會於臺南。[182]

入選第六回府展的〔新樓〕現為臺北市立美術館典藏。

---

180. 臺灣總督府編《第六回府展圖錄》頁32（西洋畫），1944.7.20，臺北：臺灣總督府；1943.10「第六回臺灣總督府美術展覽會入選證書」；《第六回臺灣美術展覽會陳列品目錄》1943.10.26-11.4。
181. 指日本傳統的美學「侘寂」（Wabi-sabi）。
182. 〈美術總突擊獻納畫會目錄〉，資料出處：http://slyen.org/forum/viewtopic.php?p=298，檢索日期：2019年7月25日。

1944（昭和19年） 50歲

· 4月5日，嘉義公園速寫。

· 4月26-30日，〔銃後の樂しみ〕（大後方之樂）、〔防空訓練〕、〔碧潭〕、〔參道〕、〔鳥居〕、〔新北投を望む〕（眺望新北投）參展第十回臺陽展於臺北公會堂。[183]

張[184]：（前略）陳澄波，去年感覺好像有點鬱悶，今年卻好像是一副老人家豁出去的感覺。（李）

　　—〈臺陽展を中心に戰爭と美術を語る（座談）（以臺陽展為主談戰爭與美術（座談）））《臺灣美術》

1945.3，臺北：南方美術社

1945（昭和20年、民國34年） 51歲

◆8月15日，日本無條件投降，二戰結束。

· 9月9日，撰寫〈回顧（社會與藝術）〉。

· 11月12日，發表〈五十星霜的回顧〉於《大同》創刊號，頁22-23。

· 11月15日，撰寫〈關于省內美術界的建議書〉。

· 12月6日，山景速寫。

· 任嘉義市自治協會理事。[185]

1946（民國35年） 52歲

· 1月2日，任臺灣省學產管理委員會委員。[186]

· 1月11日，受教育處長趙迺傳之託，至臺中林獻堂宅勸其長子攀龍就任臺北第一中學校長之職，當日住宿於林家。

新一月十一日　舊十二月初九日　金曜日　晴

（前略）五時餘返，陳澄坡（波）來勸攀龍就任，宿余宅。

—許雪姬主編《灌園先生日記（十八）一九四六年》頁16，2010.2，

臺北：中央研究院臺灣史研究所、近代史研究所

新一月十二日　舊十二月初十日　土曜日　晴

陳澄波受教育處長趙迺傳之託，昨日來勸攀龍就任臺北第一中學校長之職，攀龍仍拒絕之。早餐後談臺陽美術展覽會之事，午後三時乃返嘉義。

—許雪姬主編《灌園先生日記（十八）一九四六年》頁18，2010.2，

臺北：中央研究院臺灣史研究所、近代史研究所

---

183. 參閱《東洋畫·西洋畫·彫塑　臺陽展目錄　第十回作品展》1944.4.26-30。
184. 即張文環。
185. 陳澄波〈履歷表（三）〉1946年。
186. 參閱1.陳澄波履歷書（三）及名片；2.〈學產管理委員會委員葛敬恩等七員函聘案〉《學產管理委員會人員任免》「臺灣省行政長官公署檔案」（南投：國史館臺灣文獻館藏，典藏號：00303233010001。）

・1月12日，返回嘉義。

・3月24日，以249票由西門區區民選出擔任嘉義市第一屆市參議員，同區當選之市參議員還有
　朱榮貴、林文樹、翁大有三人。[187]

・4月3日，參加臺灣省嘉義市第一屆參議會成立典禮。

1946.3.25嘉義市自治協會理事會記念。前排左一為陳澄波。

1946.4.3臺灣省嘉義市第一屆參議會成立典禮攝影記念。二排左七為陳澄波。

187. 參閱《臺灣省民意機關之建立》頁271，1946.11，臺灣省行政長官公署民政處發行。

‧8月24日，擔任第一屆臺灣省美術展覽會（簡稱「省展」）審查委員。[188]

全省美術展覽會長陳儀特聘全省著名美術家十六名，及其他社會重要人士十一名，為審查委員

（姓名如左[189]）。

國畫部－郭【雪】湖、林玉山、陳進、陳敬輝、林之助

西洋畫部－楊三郎、李石樵、李梅樹、陳清汾、藍蔭鼎、劉磏（啟）祥、陳澄波、廖繼春、顏

　　　　　水龍

雕塑部－陳夏雨、蒲添生

其他審查委員

游彌堅、周延壽、陳兼善、李季谷、更（夏）濤聲、李萬居、林紫貴、李友邦、宋斐如、曾德

培、王潔宇

　　　　　　　　　　　　　－〈美術展審查委員　已決定二十七名〉《民報》第2版，1946.9.10，臺北：民報社

‧10月15日，第一屆省展審查完畢。

本省第一屆美術展覽會之審查，
已於十五日完畢，即國畫部由林
玉山、郭雪湖、陳進、林之助、
陳敬輝各委員審查結果，選出
三十三點（人員二十九人）；西
洋畫部由陳燈（澄）波、陳清
汾、楊三郎、廖繼春、李梅樹、
李石樵、劉啟祥、藍蔭鼎、顏水
龍各委員審查結果，選出五十四
點（四八人）；彫刻部由蒲添
生、陳夏雨，各委員審查結果，
選定十三點（九人）。

1946.10.22第一屆臺灣省美術展開幕，部分審查委員合影於臺北中山堂會場招牌前。前排右起為郭雪湖、楊三郎、陳進與妹妹；後排右起為陳澄波、顏水龍、劉啟祥、陳夏雨、陳敬輝。

　　　　－〈本省首屆美術展覽會　各部審查已完畢　計選出：國畫三十三點、西洋畫五十四點、彫刻十三點〉

　　　　　　　　　　　　　　　　　　　　　　　　　　　　《民報》第3版，1946.10.17，臺北：民報社

‧10月16日，下午六點半參加第一屆省展審查員招待會。

本省第一屆美術展之作品審查業已完畢，陳長官於十六日下午六時半，假賓館招待該會審查員，
到國畫部林玉山、郭雪湖、陳進、陳敬輝、林之助，西洋畫部楊三郎、李梅樹、李石樵、陳澄
波、廖繼春、劉啟祥、顏水龍、陳清汾、藍蔭鼎，彫塑部陳夏雨、蒲添生等。席間對於有關美術

---

188. 參閱陳澄波自藏「1946.8.24臺灣全省第一屆美術展覽會審查委員聘書」，收入《陳澄波全集第六卷：個人史料（I）》頁73。
189. 原文為直式，且右至左排列。

諸問題互相發表意見，以資最高當局之參考，至下午九時盡歡而散。

—〈長官招待審查員　美術展不日開幕〉《民報》第3版，1946.10.18，臺北：民報社

· 10月17日，上午11點參加臺灣文化協進會主辦的美術座談會於臺北中山堂。

臺灣第一屆美術展近將開幕，臺灣文化協進會，特於十七日上午十一時起，假座中山堂三樓，招請本省美術家舉行座談會，到林玉山、陳【澄】波、楊三郎〔澄〕、蒲添生、顏水龍、陳夏雨、李梅樹、郭雪湖、藍蔭鼎、陳敬輝、林之助、陳進、劉啟祥、廖繼春、李石樵等，網羅本省一流美術家。該會方面有游彌堅理事長及各幹事出席。關於過去臺灣美術發達史，推進美術教育問題，美術與社會生活問題，對本屆美術展感想等等，有熱烈深刻之討論，至下午一時半散會。

—〈文協主辦美術座談會〉《民報》第3版，1946.10.18，臺北：民報社

· 10月22-31日，作品〔兒童樂園〕、〔製材工場〕、〔慶祝日〕參展第一屆省展於臺北市中山堂。[190]

自本月二十二日在中山堂公開之光復後本省第一屆美術展覽會，于三十一日下午五時已告閉幕。此間蔣主席伉儷蒞臨賜覽外，本省各機關、團體、一般社會人士、學生等等約十萬人到場觀覽，足以表示本省美術文化程度之高。又蔣主席伉儷蒞場時，對於郭雪湖氏作〔驟雨〕、范天送氏作〔七面鳥〕、李梅樹氏作〔星期日〕、陳澄波氏作〔製材工廠〕特加以稱讚定買。又藍蔭鼎氏作之〔村莊〕、〔綠蔭〕、〔夕映〕三幀由美國領事館定買，其他陳澄波氏之〔兒童樂園〕由教育處長、〔慶祝日〕由秘書長，楊三郎氏之〔殘夏〕由軍政部定買外，國畫、洋畫各二幀，彫塑一件各由長官公署定購，又李梅樹氏之〔星期日〕定價為臺幣二十萬元云。

參展第一屆省展的油畫〔慶祝日〕。

—〈美術展閉幕　蔣主席訂購多幀〉《民報》第3版，1946.11.1，臺北：民報社

---

190. 《臺灣全省第一屆美術展覽會出品目錄》1946.10.22-31。

・12月21日，參加嘉義救濟院成立典禮。

・任嘉義市西門區區民代表會主席。[191]

・於臺南東山繪製水墨作品〔山水扇面〕。

1946.12.21嘉義救濟院成立典禮紀念。後排左九為陳澄波。

1947（民國36年） 53歲

・2月2日，下午一點參加省教育會舉辦之國民學校圖畫科編輯座談會。

省教育會昨下午一時，在該會議室召開有關國民學校圖畫科編輯座談會，各畫家被邀出席參加者有楊三郎、李梅樹、藍蔭昇（鼎）、郭雪湖、李石樵、陳澄波、陳敬輝暨省編譯館代表程璟、該會理事長游彌堅氏及編輯委員會全體人員等。游氏主席首先致詞，經決定各年級書本主編人為：第一年級藍蔭鼎、第二年級陳敬輝、第三年級郭雪湖、第四年級楊三郎、第五年級李石樵、第六年級李梅樹等。最後程璟先生向各畫家建議，希望各位回去就各地搜集兒童繪畫作品，集中省教育會，籌備一全省兒童畫巡迴展覽，使本省真正兒童畫作，得獲欣賞與鼓勵。四時頃座談結束，該會編輯組續舉行編輯會議，中心編務係討論本年度即將協助省編譯館對各科教材詮註，尤則□

191.〈嘉義市各區區民代表會主席題名錄〉《臺灣省民意機關之建立》頁280，1946.11，臺灣省行政長官公署民政處發行。

勞作科之教材編纂云。

— 〈本省教育會昨召開圖畫科編輯會　決定各級書本主編人〉《民報》第3版，1947.2.3，臺北：民報社

◆2月28日，二二八事件發生。

◆3月2日，從臺中、彰化南下的年輕人數十人，來到嘉義火車站與中央噴水池間演講，呼籲嘉義市民加入抗爭行列，並召集民眾包圍市長官舍，隨之爆發嘉義地區的二二八事件。

‧3月3日，下午參議會召開緊急會議，成立「嘉義三二事件處理委員會」，陳澄波擔任涉外組組長，之後與處委會主委陳復志到憲兵隊與市長孫志俊、營長羅迪光等人交涉。[192]

‧3月6日，與潘木枝、柯麟、鍾家成及處委會主委陳復志等人，參加由警備總部少將陳漢平、營長羅迪光等人所召開的軍民協調會議。[193]

‧3月7日，晚上七點與盧鈵欽、柯麟、劉傳能、王甘棠、林淇漳、郭火木、朱榮貴、自治聯軍、嘉農代表、高山同胞代表等參加二二八處理委員會臨時會議，討論和平解決方案。[194]

‧3月11日，與陳復志、潘木枝、柯麟、林文樹、劉傳來、王鍾麟、邱鴛鴦擔任和平談判代表，赴水上機場與國軍談和，不料卻被扣押。[195]

‧3月25日，早上與潘木枝、柯麟、盧鈵欽三人由嘉義警察局押解出來遊街，隨後被槍決於嘉義火車站前。

三月二十五日，父親被載出來槍殺，到底是什麼罪我們不知道，也沒有通知什麼時間什麼地點要怎麼處理，我們都不知道，我們是碰巧遇到。我還記得是一輛卡車，插著一支白白的旗子，就像現在電視上看到的連續劇，四個手被綁著的人的背後插一支長長的五角形的牌子，用大字寫著名字，由警察局押出來遊街，經過中山路到嘉義噴水池，再轉火車站。我們在中山路附近看到父親在卡車上，那時年輕人不管是臺灣人外省人，出面都危險，我說：「重光，中山路人比較多我跟車子後面去，你走小巷繞道過去。」弟弟沿著中山路邊巷子邊躲邊跟。我跟著車子後面一直跑一直跑，（中略）跟到車站，（中略）。在開始槍斃第一個時我不知哪來的膽子，拉著兵仔的褲管，不知道用什麼話講的，反正講得通就是了，我說：「這個是我父親，他是好人，你們要探聽清楚，探聽明白才能槍決。」他將我踢到一邊去，開槍一個一個開始槍斃。可憐的父親，是最後一個被槍殺的，（中略）第一槍沒有打到，（中略）第二槍才打中父親，父親可能不甘願，沒有向後仰，向前倒下去。

— 陳碧女口述，張炎憲、高淑媛採訪，高淑媛記錄，〈陳澄波（畫家、市參議員，死難者）第一部分〉

《嘉義驛前二二八》頁157-173，1995.2，臺北：財團法人吳三連臺灣史料基金會

三月二十五日早上，我們聽到風聲說議員要被槍殺了，我和二姊就趕快跑去，跑到現在議會

---

192. 江榮森編《時空錯置的新聞》頁1-21、1-22，2007.9，嘉義：財團法人嘉義市二二八紀念文教基金會。
193. 江榮森編《時空錯置的新聞》頁1-39、1-40。
194. 江榮森編《時空錯置的新聞》頁1-41、1-42。
195. 參閱1.孫志俊〈嘉義市「三二」事變報告書〉。2. 許雪姬訪問、蔡説麗紀錄〈蔡鵬飛先生訪問紀錄〉《口述歷史》第4期（二二八事件專號）頁321-338，1993，臺北：中央研究院近代史研究所。

西邊那條路（吳鳳北路），看到車隊出來了，第一輛車載士兵，第二輛車才載他們四個。車走得很快，我們向他招手時，彷彿看到他回過頭來看我們。我們一直跟著車隊一直跑到車站前，那裏已經人山人海。

　　他們四個人手都被綁在後面，上面插一根木牌，就像電視電影演的古代人犯，或是中共文化大革命時綁人的樣子。槍殺的地點在現在臺汽客運那裏。因為人很多，又傳說壯丁都會被抓，所以我不能太靠近，後來聽人家說，是用手槍從後面打的，（中略）屍體不准我們馬上收回去，放在那裏示眾，到下午四、五點的時候，才獲准去收。

—陳重光、賴金蓮口述，張炎憲、高淑媛、王昭文採訪，王昭文記錄，〈陳澄波（畫家、市參議員，死難者）第二部分〉《嘉義驛前二二八》頁174-196，1995.2，臺北：財團法人吳三連臺灣史料基金會

· 油畫〔玉山積雪〕。

〔玉山積雪〕為陳澄波遺作。

身後記事
Posthumous Events

1948-2020

1948

・6月19-27日，〔新樓風景〕等三件作品參展第十一屆臺陽展。[196]

1949

・5月22-30日，〔西湖風光〕等三件作品參展第十二屆臺陽展。[197]

約1950年二二八事件嘉義受難的四位市參議員在嘉義三教堂做法事。二排左四之女士為陳澄波妻張捷。圖中照片右起為陳澄波、柯麟、潘木枝、盧鈵欽、潘英哲（潘木枝次子）。

1952

・5月4-12日，〔盧家灣〕、〔南普陀寺〕、〔上海一角〕參展第十五屆臺陽展於臺北中山堂。[198]

1955

・7月29-31日，〔風景〕、〔水鄉〕參展第三屆南部美展於嘉義縣商會。[199]

1957

・8月21-27日，〔上海公園〕參展第二十屆臺陽美展於臺北市福星國校大禮堂。[200]

---

196. 參閱1. 王白淵〈臺灣美術運動史〉《臺北文物》第3卷第4期，頁16-64，1955.3.5，臺北：臺北市文獻委員會；2.陳重光整理〈陳澄波生平年表〉《台灣美術家2 陳澄波》頁92-95，1979.12，臺北：雄獅圖書公司。
197. 同上註。
198. 參閱《第十五屆臺陽美術展作品目錄》1952.5.4-12。
199. 參閱《第三屆南部美展目錄》1955.7.29-31。其中「陳澄波」之名字誤植為「陳登波」。
200. 參閱六然居資料室典藏《20屆台陽美展》1957.8.21-27。

陳澄波遺孀張捷攝於遺作展入口處。

遺作展展場一隅。

1977

・9月，油畫〔西湖〕參展第四十屆臺陽展。[201]

1979

・3月25日，油畫〔淡水風景〕參展「光復前臺灣美術回顧展」於太極畫廊。[202]

・11月29日-12月9日，陳澄波逝世32年後，在遺孀張捷及家屬與雄獅美術合作下，首次舉辦「陳澄波遺作展」於臺北春之藝廊。[203]

・12月，雄獅圖書公司出版《台灣美術家2　陳澄波》。

1981

・12月23日-31日，「陳澄波人體速寫遺作展」於臺北明生畫廊。[204]

1982

・7月6日-25日，參展「臺灣前輩美術家聯展」於臺北維茵藝廊。[205]

・11月4日-12月15日，油畫〔自畫像〕、〔運河〕、〔淡水〕參展「年代美展─資深美術家作品回顧　第二部分（國畫・水彩・版畫・雕塑）」於國父紀念館中山畫廊。[206]

1985

・2月13日，油畫〔蘇州染坊〕（現名〔綢坊之午後〕）參展文建會主辦的「臺灣地區美術發

201. 參閱《台陽美術　1977》1977.9.6，臺北：臺陽美術協會。
202. 參閱陳小凌〈慶祝美術節・緬懷油彩滴成的路　光復前台灣美術回顧展〉《民生報》1979.3.25，臺北：民生報社。
203. 參閱「陳澄波遺作展」請柬。
204. 參閱依凡〈陳澄波的人體速寫〉《藝術家》第79期，頁201，1981.12，臺北：藝術家雜誌社。
205. 參閱楊淑惠〈篳路藍縷・發起「臺灣美術運動」　陳澄波逝矣　青山依舊在　藝壇後繼者　幾度夕陽紅　維茵藝廊舉辦前輩美術家聯展・意義不凡〉《自立晚報》1982.7.4，臺北：自立晚報社。
206. 參閱「年代美展─資深美術家作品回顧」展覽簡介。

1988.3.12陳澄波油畫紀念展開幕,張捷與楊三郎合影(左圖)、陳重光與李石樵合影(右圖)。

展回顧展　第三單元─團體畫會的興起」於臺北國泰美術館。[207]

・8月,作品參展「裸女主題展」於雄獅畫廊。[208]

1988

・3月12日-29日,「陳澄波油畫紀念展」於臺北東之畫廊。[209]

・9月24日-10月4日,參展「懷思名家遺作展」於臺北阿波羅畫廊。[210]

1989

・5月20日-6月4日,油畫〔運河〕參展「石川欽一郎暨門生聯展」於臺北阿波羅畫廊。[211]

・12月16-31日,油畫〔碧潭〕、〔小弟弟〕、素描〔太平山-38.1.6〕、淡彩〔裸女之二〕
　(現名〔立姿裸女(88)〕)、〔裸女之一〕(〔立姿裸女(91)〕)參展「向前輩美術家
　致敬」展於臺北印象藝術中心畫廊。[212]

1990

・2月10日-4月8日,油畫〔我的家庭〕、〔夏日街景〕、淡彩〔裸女〕(現名〔坐姿裸女-32.1
　(29)〕)參展「臺灣早期西洋美術回顧展」於臺北市立美術館。[213]

207. 油畫〔網坊之午後〕畫題早期曾被誤植為〔蘇州染坊〕或〔蘇州〕。展覽相關報導參閱1.陳小凌〈回顧臺灣團體畫會的興起　展覽揭幕　憶當年看當
　　前　老畫家感慨繫之　珍視前輩心血　年輕人用心可貴〉《民生報》第9版/文化新聞版,1985.2.13,臺北:民生報社;2.〈臺灣地區美術發展回顧
　　展〉《聯合報》第9版/綜藝,1985.2.27,臺北:聯合報社。
208. 〈裸女的讚歌・藝術的挑戰　藝術家怎樣表現人體美?　八位畫家四十件作品現真章〉《民生報》第9版/文化新聞版,1985.8.7,臺北:民生報社。
209. 〈出生學院反學院　陳澄波畫作熱情奔放〉《聯合報》第17版/文化・藝術,1988.3.11,臺北:聯合報社。
210. 參閱「懷思名家遺作展」請柬。
211. 參閱「石川欽一郎暨門生聯展」請柬。
212. 參閱1.「向前輩美術家致敬」請柬;2.《向前輩美術家致敬》出版年不詳(約1989),印象藝術中心發行。
213. 《台灣早期西洋美術回顧展》1990,臺北:臺北市立美術館。

1991

・3月29日-4月12日，參展「茲土有情──苦戀鄉土的美術先輩展」於臺北悠閑藝術中心。[214]

・9月6日-22日，「陳澄波油畫作品欣賞展」於臺北飛元藝術中心。展出十一件油畫和三件淡彩。[215]

・11月，參展「西畫名家遺作展」於阿波羅畫廊。[216]

1992

・2月1日-3月1日，「陳澄波作品展」於臺北市立美術館舉行。[217]

・2月28日，藝術家出版社出版《臺灣美術全集1　陳澄波》。

1992.2.1陳澄波作品展開幕，陳重光、林玉山、楊三郎、黃光男、蒲添生（左起）合影。

1992.2.23高齡94歲的張捷特地北上參加《臺灣美術全集1　陳澄波》新書發表會，並參觀陳澄波作品展展場。

・2月，臺北市立美術館出版《美術館導覽　陳澄波作品展9》。

・9月，作品〔淡水風景〕（現名〔淡水風景（三）〕）和淡彩〔裸女〕（現名〔坐姿裸女-32.1（29）〕）參展第五十五屆臺陽展。[218]

1993

・2月20日-3月7日，油畫〔嘉義公園一景〕參展首屆

1992.2.28出版的《臺灣美術全集1　陳澄波》畫冊。

214.〈苦戀鄉土的美術先輩展　六位畫家呈現日據時代藝術脈動〉《自由時報》第8頁，1991.3.28，臺北：自由時報社。

215. 徐海玲〈陳澄波油畫　重量級身價　〔淡水風景〕定價六百萬台幣　和另外十三件非賣作品今起展出〉《自立早報》第10版，1991.9.6，臺北：自立早報社。

216.〈西畫名家遺作展大有看頭〉《自立早報》第10版，1991.11.21，臺北：自立早報社。

217. 鄭乃銘〈陳澄波畫展二月一日登場〉《自由時報》1992.1.26，臺北：自由時報社。

218. 臺陽美術協會編印《第五十五屆台陽美展畫集　1992》1992，臺北：臺陽美術協會。

「二二八紀念美展」於誠品畫廊敦南店。[219]

· 4月22日，張捷辭世。[220]

· 6月30日-7月15日，油畫〔花〕（現名〔大白花〕）、速寫〔阿里山〕（現名〔阿里山鐵軌-35.4.8〕）、淡彩〔裸女〕（現名〔臥姿裸女-32.1（28）〕）參展「嘉義市藝術名家邀請展」於嘉義市立文化中心。[221]

· 10月，參展「藝術家眼中的淡水」特展於淡水藝文中心。[222]

· 10月17日，臺灣蘇富比中國現代油畫、素描及水彩秋季拍賣會上，〔黃昏淡水〕（現名〔淡水夕照〕）以1017萬元成交，創蘇富比拍賣華人油畫最高紀錄。[223]

· 12月18日-26日，參展「中華民國八十二年文藝季嘉義市諸羅風情特展」於嘉義市立文化中心。[224]

1994

· 2月10日，嘉義市政府、中國時報、財團法人嘉義市文化基金會出版《陳澄波・嘉義人》。

· 2月21日-3月12日，參展「臺灣前輩畫家作品展」於臺北玉山銀行總行二樓展覽室。[225]

· 2月25日，時廣文化事業有限公司出版蕭瓊瑞著《藝術護照系列叢書5　進入陳澄波的國度》。

· 嘉義市立文化中心承辦全國藝文季，更為紀念陳澄波百歲冥誕，遂以「陳澄波・嘉義人」為

陳重光與陳前民兄弟攝於嘉義市文化中心「陳澄波百年紀念展」展場。

1994.3.4李登輝總統（右三）與省主席宋楚瑜（左二）蒞臨展場。右一為陳重光。

219. 鄭乃銘〈首屆「二二八紀念美展」揭幕　吳伯雄認真觀賞作品〉《自由時報》第18版，1993.2.21，臺北：自由時報社。
220. 陳銘城〈陳澄波遺孀陳張捷女士四月廿二日辭世　未能目睹二二八事件平反與道歉　生前最大遺憾〉《自立早報》第12版，1993.4.29，臺北：自立早報社。
221. 《嘉義市藝術名家邀請展》1993.9，嘉義：嘉義市立文化中心。
222. 參閱1.《嘉義市藝術名家邀請展》頁9-11，1993.9，嘉義：嘉義市文化中心；2.曹郁芬〈李總統看畫　回憶昔日淡水街景〉《中國時報》第5版／綜合新聞，1993.10.24，臺北：中國時報社。
223. 鄭乃銘〈陳澄波黃昏淡水　破紀錄！　1017萬落槌！　創蘇富比拍賣中國油畫最高價　臺灣秋拍成交率達91.9%　常玉、朱沅芷作品「搶搶」滾〉《自由時報》第18頁／影視新聞，1993.10.18，臺北：自由時報社。
224. 參閱「中華民國八十二年文藝季嘉義市諸羅風情特展」請柬。
225. 參閱「臺灣前輩畫家作品展」請柬。

主題，系列活動內容包括：（1）2月26-27日，陳澄波紀念舞展（雲門舞集）於省嘉工禮堂；（2）紀念陳澄波音樂會：a. 2月26日，歷史的腳步聲（田園樂府）於中正公園露天音樂台、b. 2月27日，管韻競穹音（臺灣省立交響樂團）於嘉義女中禮堂；（3）2月26日，陳澄波雕像奠基典禮於文化中心廣場；（4）3月2日，美術家陳澄波學術論文研討會；（5）2月26日-3月13日，「陳澄波百年紀念展」於文化中心第一展覽室。[226]

· 7月10日-10月30日，「典藏品研究特展2 陳澄波─新樓」於臺北市立美術館舉行。[227]

1994.7.10-10.30「典藏品研究特展 陳澄波─新樓」展場一隅。

1994.8.6-10.31臺北市立美術館「陳澄波百年紀念展」展場一隅。

· 8月5日-14日，淡彩〔裸女〕（現名〔坐姿裸女（152）〕）參展「嘉義市八十三年藝術家作品義賣聯展」於嘉義市文化中心。[228]

· 8月6日-10月31日，「陳澄波百年紀念展」於臺北市立美術館。[229]

· 8月，臺北市立美術館出版《典藏品研究特展2 陳澄波─新樓》。

· 8月，臺北市立美術館出版《陳澄波百年紀念展》。

· 9月17日，錦繡出版事業股份有限公司出版林育淳著《中國巨匠美術週刊 陳澄波》。

226. 林福財〈美術家陳澄波百年紀念展 二月廿六日起推出系列包括雲門舞集演出陳澄波紀念舞展、雕像奠基典禮及紀念音樂會等。〉《太平洋日報》1994.1.20，高雄：太平洋日報社。
227.《典藏品研究特展2 陳澄波─新樓》1994.8，臺北：臺北市立美術館。
228. 參閱1.「嘉義市八十三年藝術家作品義賣聯展」請柬；2.《嘉義市八十三年藝術家作品義賣聯展專輯》頁36，1994.6.30，嘉義：嘉義市政府。
229. 李維菁〈臺北市立美術館與本報等單位主辦 陳澄波劉錦堂百年紀念畫展今揭幕 在北市美術館展至10月16日 昨舉行開幕酒會 多位美術界文化界名人與會參觀〉《中國時報》第5版／生活新聞，1994.8.6，臺北：中國時報社。

1995

・2月22日-3月12日，參展「紀念228臺灣畫展③」於臺北南畫廊。[230]

・2月25日，陳澄波雕像在嘉義市文化中心廣場揭幕。[231]

・2月25日，陳重光捐贈水彩〔木材工廠〕於嘉義市文化中心。[232]

・3月25日-9月10日，油畫〔淡水〕參與「臺灣地區前輩美術家作品特展（三）油畫展」於臺灣省立美術館。[233]

1995.2.25陳澄波雕像揭幕。

1996

・2月4日-3月24日，油畫〔自畫像〕（現名〔自畫像（一）〕）、〔玉山遠眺〕、〔祖母像〕、〔我的家庭〕、〔小弟弟〕、〔嘉義街中心〕、〔新樓〕、〔玉山積雪〕參展「回顧與省思──二二八紀念美展」於臺北市立美術館。[234]

1997

・2月22日-4月20日，陳澄波在二二八事件中受難時所穿的衣服、遺書、畫架和畫筆等文物參與「二二八事件五十周年紀念展」於嘉義市二二八紀念公園。[235]

・3月23日，嘉義市管樂團「陳澄波紀念音樂會」於嘉義市立文化中心庭園。[236]

・10月30日，臺灣省政府教育廳出版陳長華著《臺灣美術家　陳澄波》。

・12月13日-28日，「陳澄波與陳碧女紀念畫展」於臺北尊彩藝術中心。[237]

・12月，尊彩國際藝術有限公司出版《陳澄波與陳碧女紀念畫展》。

1998

・3月7日，油畫〔琳瑯山閣〕、〔廟口〕、〔慶祝日〕參展「臺灣前輩畫家的藏寶圖」展於尊彩藝術中心。[238]

230. 參閱「紀念228臺灣畫展③」請柬。
231. 呂素麗〈「我是油彩的化身」　嘉市新指標〉《中國時報》1995.2.26，臺北：中國時報社。
232. 嘉義市文化中心於2016年將〔木材工廠〕轉捐贈於中研院臺灣史研究所典藏。
233. 參閱「臺灣地區前輩美術家作品特展（三）油畫展」展覽簡介。
234. 參閱1.《「回顧與省思──二二八紀念美展專輯」》1996.4，臺北：臺北市立美術館；2.李維菁〈陳澄波、蒲添生、廖德政…… 二二八紀念美展　北美館今開展〉《中國時報》第22版／文化藝術，1996.2.4，臺北：中國時報社。
235. 呂素麗〈塵封50年　陳澄波受難遺物首度展出　血衣兩個彈孔觸目驚心　臨刑遺書字字血淚令人鼻酸〉《中國時報》第3版／焦點新聞，1997.2.22，臺北：中國時報社。
236. 參閱「陳澄波紀念音樂會」DM。
237. 參閱「陳澄波與陳碧女紀念畫展」請柬。
238. 參閱《臺灣前輩畫家的藏寶圖》1998.9，臺北：尊彩國際藝術有限公司。

・5月，雄獅圖書股份有限公司出版林育淳著《油彩・熱情・陳澄波》。

・12月，陳重光捐贈淡彩〔臥姿裸女-32.1（7）〕、〔臥姿裸女-32.5.29（62）〕予臺北市立美術館典藏。[239]

1999

・4月10日-5月23日，油畫〔夏日街景〕、〔我的家庭〕、〔嘉義街景〕參展「東アジア／絵画の近代——油画の誕生とその展開」（東亞油畫的誕生與開展）於日本靜岡縣立美術館；5月29日-7月11日於兵庫縣立近代美術館；7月17日-8月29日於德島縣立近代美術館；9月12日-10月20日於宇都宮美術館；10月30日-12月19日於福岡アジア美術館。[240]

1999.4.9陳重光夫婦與臺北市立美術館林曼麗館長攝於日本靜岡縣立美術館「東アジア／絵画の近代——油画の誕生とその展開」展場。

・6月12日-7月4日，油畫〔嘉義公園〕（現名〔嘉義公園（鳳凰木）〕）參展「臺灣前輩畫家的藏寶圖貳」於尊彩藝術中心。[241]

・6月15日，財團法人陳澄波文化基金會成立。

・7月13-18日，「陳澄波嘉義風景作品展」於嘉義市立文化中心。[242]

1999.7.17陳澄波文化基金會成立大會於「陳澄波嘉義風景作品展」展場。圖為陳重光董事長致詞。

・7月20日-9月15日，參展「島國的顯影・特別展——跨越時代的臺灣人影像展」於臺北二二八紀念館。[243]

・7月24日-12月5日，油畫〔蘇州公園〕、〔小鎮〕（現名〔戰後（三）〕）參展「回到家鄉——順天美術館收藏展」於臺北市立美術館。[244]

・12月25日-2000年4月16日，油畫〔嘉義街中心〕參展「臺灣美術與社會脈動」展於高雄市立美術館。[245]

239. 參閱「1998.12臺北市政府感謝狀」。
240. 參閱靜岡縣立美術館編《東アジア／画の近代——油画の誕生とその展開》1999，日本靜岡縣：靜岡縣立美術館。
241. 參閱「臺灣前輩畫家的藏寶圖貳」請柬。
242. 參閱展覽清單。
243. 參閱「島國的顯影特別企劃展」請柬。
244. 參閱《回到家鄉——順天美術館收藏展》1999.7，臺北：臺北市立美術館。
245. 參閱《台灣美術與社會脈動》2000.1，高雄：高雄市立美術館。

2000

・2月28日-4月2日，參展「悲慟中的堅毅與昇華——228受難者及家屬藝文特展」於臺北二二八紀念館。[246]

・6月3日-8月27日，油畫〔夏日街景〕、〔我的家庭〕、〔嘉義街景〕參展「東亞油畫的誕生與開展」於臺北市立美術館。[247]

2001

・3月25日，嘉義公園內設置陳澄波自畫像與八幅嘉義公園作品畫架，並舉辦寫生比賽。[248]

2002

・2月27日，〔自畫像〕（現名〔自畫像（二）〕）參展「第六屆二二八紀念美展」於總統府藝廊。[249]

・4月28日，佳士得「二十世紀中國藝術」春拍，〔嘉義公園〕（現名〔嘉義公園（鳳凰木）〕）以港幣579萬4100元（約臺幣2600萬元）成交，創下臺灣前輩油畫家最高價紀錄。[250]

・11月26日，陳重光捐贈陳守愚（陳澄波父親）文物（圖書97冊、手稿4份和照片5張）予國立文化資產保存研究中心籌備處典藏（後移交至國立臺灣文學館）。[251]

・12月6日，首套「臺灣近代畫作郵票」發行典禮於臺北市立美術館舉行，以臺北市立美術館典藏之陳澄波〔夏日街景〕、李梅樹〔白衣少女〕、廖繼春〔有香蕉樹的院子〕、郭柏川〔日出〕四幅畫作製成郵票，其中〔夏日街景〕郵票面值為五元。[252]

〔夏日街景〕郵票。

2002.12.6陳重光於臺灣近代畫作郵票發行典禮中致詞。

246. 參閱《悲慟中的堅毅與昇華：228受難者及家屬藝文特展》2000.4，臺北：臺北二二八紀念館。
247. 參閱《東亞油畫的誕生與開展》2000.6，臺北：臺北市立美術館。
248. 參閱1.「陳澄波嘉義公園主題展」請柬；2.王鈺鈴〈陳澄波主題展　嘉義公園揭幕　阿公、阿媽觀畫話今昔　小朋友進行寫生比賽　象徵藝術傳承〉《自由時報》第13頁／雲嘉新聞版，2001.3.26，臺北：自由時報社。
249. 參閱《凝視台灣——啟動台灣美術中的二二八元素　2002年第六屆228紀念美展專集》2002.4，基隆：海洋台灣出版社出版。
250. 黃寶萍〈陳澄波油畫嘉義公園拍賣刷新紀錄　成交價約台幣2600萬　創臺灣前輩畫家新高　在華人西畫中居次〉《民生報》第A6版／文化新聞，2002.4.29，臺北：民生報社。
251. 參閱2002.11.26國立文化資產保存研究中心籌備處及2009.10.17國立臺灣文學館頒發的「感謝狀」。
252. 陳永順〈陳澄波作品　畫作郵票首選　〔夏日街景〕郵票面值五元　周五發行　另有畫輯明信片　嘉義郵局限量供應〉《聯合報》第17版／嘉義焦點，2002.12.4，臺北：聯合報社。

2003

・3月8日-12月7日，油畫〔新樓〕參展「2003典藏常設展」於臺北市立美術館。[253]

・8月2日，陳水扁總統頒發回復名譽證書予陳澄波，由長子陳重光代領。

2004

・2月12日，陳重光捐贈陳澄波畫作與文物（含陳守愚手稿）共2832件予嘉義市文化局典藏。[254]

・2月28日，新自然主義股份有限公司出版艾米莉／文、李俊隆／漫畫《油彩精靈陳澄波：台灣美術菁英的生命傳奇》。

2004.3.9嘉義市博物館揭幕典禮，總統陳水扁與陳重光合影。

財團法人陳澄波文化基金會榮獲「九十三年度推展社會教育有功團體獎」。

・3月9日，嘉義市立博物館揭幕，三樓設立「陳澄波紀念專區」。[255]

・2月28日-3月14日，陳澄波文化基金會與海洋台灣文教基金會主辦「繪我價值　寫我尊嚴——第八屆二二八紀念創作展」於基港藝廊與高雄市歷史博物館；3月19日-4月5日於宜蘭舊監獄。[256]

・7月31日-2005年3月13日，〔嘉義遊園地（嘉義公園）〕、〔淡水風景（淡水）〕、〔懷古〕參展「日治時期臺灣美術地域色彩展」於國立臺灣美術館。[257]

・11月12日，財團法人陳澄波文化基金會獲教育部表揚「九十三年度推展社會教育有功團體」。[258]

253. 參閱「2003典藏常設展」展覽簡介。
254. 參閱2004.2.12嘉義市文化局製作之「陳澄波文物目錄—總計2832件」。2016年嘉義市文化局將其中的日文文物、陳澄波畫作、遺物、陳澄波收藏之書畫與陳守愚手稿等，計2179件轉捐贈給中研院臺灣史研究所。其後，臺史所又將屬於器物類的陳澄波遺物轉捐贈給國立臺灣歷史博物館典藏。
255. 參閱鄧清朗〈陳澄波文物　市博館完整呈現〉《中國時報》2004.3.4，臺北：中國時報社。該紀念專區已於2017年撤除，見魯永明〈陳澄波紀念專區明年計畫撤除　原地將遷入交趾陶館　名畫家孫子也贊成撤　認為專區忽略人文關懷　容易形成英雄崇拜「與其他展區格格不入」〉《聯合報》第B3版／嘉義新聞，2016.9.19，臺北：聯合報社。
256. 參閱陳士廉〈話說二二八　全國藝術家上場　二二八紀念創作展共集合北中南近七十件作品　表現老中青三代對歷史不同看法〉《自由時報》第13版／宜蘭縣新聞，2004.3.20，臺北：自由時報社。
257. 《日治時期台灣美術的「地域色彩」》2004.7.31，臺中：國立臺灣美術館。
258. 教育部編印《九十三年度推展社會教育有功團體及個人名錄》2004，臺北：教育部。

《陳澄波——帝展油畫第一人》畫冊。

2005

- 1月，尊彩國際藝術有限公司出版《藏寶圖肆：陳澄波作品集》。
- 7月7日，「臺灣藏寶圖之肆——陳澄波回顧展」於尊彩藝術中心舉辦。[259]
- 12月15日，正因文化事業有限公司出版《陳澄波——帝展油畫第一人》。

2006

- 2月9日-3月26日，「帝展油畫第一人——陳澄波」畫展於台灣創價學會景陽藝文中心；4月9日-6月23日於台灣創價學會錦州藝文中心。[260]
- 4月9日，「帝展油畫第一人——陳澄波座談會」於台灣創價學會錦州藝文中心。[261]
- 7月13日-10月3日，油畫〔嘉義遊園地〕、〔祖母像〕、〔懷古〕參展「【近代美術IV】見いだされた郷土——日本時代の台湾絵画」(【近代美術IV】被發掘的鄉土——日本時代的臺灣繪畫)於福岡アジア美術館。[262]
- 8月16日，陳重光捐贈陳澄波淡彩作品〔休憩〕（現名〔人物（37）〕）予台灣創價學會典藏。[263]
- 10月9日，香港蘇富比「中國當代藝術品」拍賣會上，油畫〔淡水〕（現名〔淡水（一）〕）以港幣3484萬元（約1.46億元新臺幣）成交，創下華人油畫拍賣最高價紀錄。[264]
- 12月1日，國立臺灣美術館出版陳玉珠／文、張哲銘／圖《外公的塑像》。

2007

- 1月7日，嘉義市二二八紀念文教基金會設立之陳澄波二十二座觀光畫架舉行揭幕典禮。[265]
- 2月15日-12月31日，油畫〔嘉義公園〕參展「藝域長流——臺灣美術溯源」於國立臺灣美術館。[266]
- 11月25日，香港佳士得「中國二十世紀藝術」拍賣會上，油畫〔淡水夕照〕在以港幣5072.75萬元（約2.1億臺幣）成交，再創臺灣畫家油畫拍賣最高價。[267]

---

259. 參閱尊彩藝術中心官網。
260. 參閱1. 趙清端〈2006年「文化尋根、建構臺灣美術百年史」首季展覽　在全國5個藝文中心熱烈展出　推動藝術　為社區注入嶄新活力〉《和樂新聞》第1版／要聞，2006.2.22，臺北：正因文化事業有限公司；2. 陳玲芳〈帝展油畫第一人——陳澄波　創價文化藝術系列臺北錦州藝文中心登場〉《臺灣日報》第12版／文化臺灣，2006.4.7，臺中：臺灣日報社。
261. 郭婉玲、曾期星、周之維、孫碧璟、黎玥岑紀錄整理〈帝展油畫第一人　陳澄波座談會〉《創價藝文》第3期，頁94-101，2006.12.10，臺北：正因文化事業有限公司。
262. 《【近代美術IV】見いだされた郷土——日本時代の台湾絵画》2006.7.13，日本：福岡アジア美術館。
263. 參閱「2006.8.16典藏狀」。
264. 張禮豪〈香港蘇富比亮麗收槌·陳澄波〔淡水〕破紀錄〉《典藏今藝術》第170期，頁302-303，2006.11，臺北：典藏藝術家庭股份有限公司。
265. 參閱「陳澄波先生"鄉土系列"觀光畫架揭幕典禮」廣告傳單。
266. 《藝域長流——臺灣美術溯源》頁150-151，2007.6.30，臺中：國立臺灣美術館。
267. 〈陳澄波〔淡水夕照〕拍2.1億天價　佳士得秋季拍賣　臺畫家再寫新高　拍價僅次於徐悲鴻作品〉《蘋果日報》第A6版／要聞，2007.11.26，臺北：蘋果日報社。

· 5月2-13日，油畫〔日本二重橋〕（現名〔二重橋〕）參展「七十臺陽、再現風華特展」於國父紀念館中山國家畫廊；5月19-24日，於臺中市政府文化局；5月26日-6月10日，於臺南市立文化中心；6月13日-7月1日，於嘉義市立博物館；7月3 - 22日，於桃園縣政府文化局桃園館。[268]

2008

· 11月1日-2009年2月8日，油畫〔我的家庭〕、〔嘉義公園〕參展「家：2008臺灣美術雙年展」於國立臺灣美術館。[269]

2009

· 2月3-22日，「油畫大師陳澄波原尺寸數位版畫展」於嘉義市政府警察局中庭迴廊。[270]
· 3-10月，嘉義市二二八紀念文教基金會主辦「陳澄波"佳藝薪傳"系列展」於嘉義市二二八紀念館。[271]

2010

· 1月，陳澄波獲聯邦文教基金會「臺灣美術貢獻獎」。[272]
· 2月26日-3月15日，「詠懷油彩的化身——陳澄波先生紀念畫展」於龍巖人本新竹會館。[273]
· 2月27日-3月31日「陳澄波與蒲添生紀念特展」於臺北二二八紀念館。[274]
· 5月1-30日，「臺灣美術·上海風情——陳澄波與劉新祿1930年代文件展」於臺北東之畫廊。[275]
· 7月，臺北市政府文化局出版《陳澄波與蒲添生紀念特展專刊》。
· 10月23日，「從圖像探索畫家的內心世界——重新發現陳澄波」座談會於臺大校友會館。[276]
· 12月4日-26日「璀璨世紀——陳澄波與廖繼春雙個

「臺灣美術·上海風情——陳澄波與劉新祿1930年代文件展」展場一隅。

268. 參閱臺陽美術協會編印《七十臺陽再現風華特展專輯》2007.5，臺北：中華民國臺陽美術協會。
269. 《家：2008臺灣美術雙年展》頁36-38，2008.11，臺中：國立臺灣美術館。
270. 參閱「油畫大師陳澄波原尺寸數位版畫展」請柬。
271. 參閱「陳澄波"佳藝薪傳"系列展」廣告傳單。
272. 凌美雪〈聯邦藝術巡迴展　聯邦文教基金會深植藝術　培育臺灣本土人才〉《自由時報》第D8版／藝術文化、上班一族，2010.1.26，臺北：自由時報社。
273. 〈詠懷油彩的化身——陳澄波追思紀念會〉《龍吟事記》頁25-26，2010.2.10，桃園：龍巖人本服務股份有限公司。
274. 參閱「陳澄波與蒲添生紀念特展」展覽簡介與邀請函。https://catalog.digitalarchives.tw/item/00/7f/85/89.html，2020年5月8日瀏覽。
275. 參閱「臺灣美術·上海風情——陳澄波與劉新祿1930年代文件展」請柬與展覽簡介。
276. 莊紫蓉〈從圖像探索畫家的內心世界——重新發現陳澄波座談會記實〉《臺灣史料研究》第36號，頁156-173，2010.12，臺北：財團法人吳三連臺灣史料基金會。

展」於尊彩藝術中心瑞光新館。[277]

・12月，尊彩國際藝術有限公司出版《璀
璨世紀——陳澄波與廖繼春作品集》。

2011

陳重光攝於「璀璨世紀——陳澄波與廖繼春雙個展」展場。

・3月25日起，〔嘉義遊園地〕參展「國美
無雙　館藏精品常設展」於國立臺灣美
術館。[278]

・4月16日，「從民族到土地——陳澄波作
品中的文化意涵座談會」於高雄正修科
技大學國際會議廳。[279]

・10月6日-11月6日，「檔案・顯像・新「視」界—陳澄波文物資料特展」於嘉義市博物館三樓
藝術空間。[280]

・10月7-10日，果陀劇場「我是油彩的化身——陳澄波音樂劇」於臺北國家劇院演出5場，之後
10月15-16日於臺中市中山堂演出3場、10月22日高雄市文化中心至德堂演出2場、11月4至6
日嘉義市音樂廳巡迴演出3場。[281]

・10月13-14日，「檔案・顯像・新「視」界——陳澄波文物資料學術論壇」於嘉義市政府文化
局演講廳。[282]

・10月21日，陳重光及其家屬捐贈油畫〔阿里山遙望玉山〕、〔坐姿冥想裸女〕予高雄市立美
術館典藏。[283]

・10月22日- 2012年2月28日，「切切故鄉情：陳澄波紀念展」於高雄市立美術館。[284]

・10月28日-12月2日，「再現澄波萬里——陳澄波作品保存修復特展」於高雄正修科技大學藝
術中心。[285]

・10月，高雄市立美術館出版《切切故鄉情——陳澄波紀念展》。

・11月22日－2012年1月8日，油畫〔上野美術館〕（現名〔東京府美術館〕）、〔表慶館〕
（現名〔冬之博物館〕）、〔日本橋風景〕（現名〔日本橋風景（一）〕）參展「人文百年
化成天下：中華民國百年人文傳承大展」於國立歷史博物館。其中〔日本橋風景〕長期被

277.〈12/4陳澄波與廖繼春英雄會　開幕展　陳澄波1931〔我的家庭〕首度在畫廊亮相〉《當代藝術新聞》第71期，頁57，2010.12，臺北：華藝文化事
業公司。
278.《國美無雙　館藏精品常設展》2011.3，臺中：國立臺灣美術館。
279. 參閱《從民族到土地——陳澄波作品中的文化意涵座談會手冊》。
280. 參閱「檔案・顯像・新「視」界——陳澄波文物資料特展暨學術論壇」海報。
281. 丁偉杰〈音樂劇我是油彩的化身　提陳澄波的舊皮箱巡演〉《自由時報》第D8版，2011.9.20，臺北：自由時報社。
282.《檔案・顯像・新「視」界——陳澄波文物資料特展暨學術論壇論文集》2011.12.7，嘉義：嘉義市政府文化局。
283. 葛祐豪、楊菁菁〈陳澄波紀念展　在高美館開幕　兒子陳重光捐出父親兩畫作　陳菊：最有意義展覽〉《自由時報》第AA2版／高雄都會生活，
2011.10.22，臺北：自由時報社。
284. 徐如宜〈陳澄波紀念展　高美館展出〉《聯合報》第B2版／大高雄綜合新聞，2011.10.22，臺北：聯合報社。
285. 參閱「再現澄波萬里——陳澄波作品保存修復特展」海報。

2011.10.21「切切故鄉情：陳澄波紀念展」開幕盛況。圖片提供／高雄市立美術館。

命名為〔上海橋影〕，經考證後確認描繪地點為日本橋風景，因此正名。[286]

· 11月25日，「澄波萬里——臺灣前輩畫家陳澄波國際學術研討會」於高雄正修科技大學國際會議廳舉行。[287]

· 12月7日，嘉義市政府文化局出版《檔案‧顯像‧新「視」界——陳澄波文物資料特展暨學術論壇論文集》。

· 12月30日，財團法人嘉義市二二八紀念文教基金會出版《油彩的化身——陳澄波畫作精選集》。

2012

· 1月19日，《陳澄波全集》第一次編輯會議於嘉義市崇文天下大樓會議室召開。

· 1月21日-2月28日，「嘉邑行蹤——陳澄波與

「再現澄波萬里——陳澄波作品保存修復特展」海報。

286. 楊儒賓主編《人文百年　化成天下：中華民國百年人文傳承大展》頁184-186，2011.11，新竹：國立清華大學。
287. 參閱《澄波萬里——臺灣前輩畫家陳澄波國際學術研討會手冊》。

「行過江南──陳澄波藝術探索歷程」展場一隅。圖片提供／臺北市立美術館。

嘉義意象資料特展」於嘉義市立博物館。[288]

· 2月2日，嘉義市政府舉辦「陳澄波日──再創嘉義畫都生命力」系列活動。[289]

· 2月18日-5月13日，「行過江南──陳澄波藝術探索歷程」展於臺北市立美術館。[290]

· 2月18、25日，紙風車劇團《幻化油彩的唐吉軻德──陳澄波》分別於臺北市立美術館與高雄市立美術館演出。[291]

· 3月16日，財團法人勤宣文教基金會出版《豔陽下的陳澄波》。

· 3月25日，首本《陳澄波全集第三卷·淡彩速寫》出版。

· 3月28日-6月16日，「艷陽下的陳澄波」展於臺灣創價學會至善藝文中心舉行。[292]

· 3月29日，陳澄波家屬捐贈油畫〔紅與白〕和〔戴面具裸女〕予臺北市立美術館，並舉辦

「艷陽下的陳澄波」展覽入口意象。圖片提供／創價文教基金會。

288.〈嘉邑行蹤──陳澄波與嘉義意象資料特展〉《嘉市藝文》第235期，頁12-13，2012.1，嘉義：嘉義市政府文化局。
289. 丁偉杰〈2.2陳澄波日　三女陳白梅前天去世　素描身影到場　嘉市藝術推廣活動登場〉《自由時報》第A14版／嘉義焦點，2012.2.3，臺北：自由時報社。
290. 參閱「行過江南──陳澄波藝術探索歷程」展覽簡介。
291. 參閱1. 吳垠慧、汪宜儒〈陳澄波追夢　紙風車戲劇重現〉《中國時報》第A14版／文化新聞，2012.2.19，臺北：中國時報社；2. 潘美岑〈紙風車劇團演出「幻化油彩的唐吉軻德──陳澄波」〉《臺灣時報》2012.2.26，高雄：臺灣時報社。
292. 參閱「艷陽下的陳澄波」導覽手冊與邀請卡。

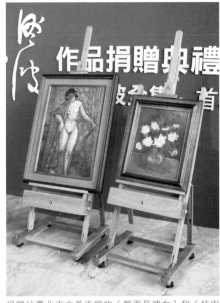

2012.3.29《陳澄波全集》總主編蕭瓊瑞教授（左）於首本新書發表會中致詞。右為陳重光先生。

捐贈給臺北市立美術館的〔戴面具裸女〕和〔紅與白〕。

《陳澄波全集》首本新書發表會。[293]

・4月25日-5月16日，油畫〔裸女靠立椅上紅巾前〕參與「七五臺陽・再創風華」展於國父紀念館中山藝廊；5月26日-6月7日，於臺中市立大墩文化中心大墩藝廊。[294]

・4月，正修科技大學藝術中心出版《再現澄波萬里

2012.5.5「繫絆鄉情——陳澄波與台灣近代美術國際學術研討會」綜合座談。圖片提供／創價文教基金會。

——陳澄波作品保存修復特展》、臺南市政府出版王秀雄著《陳澄波〈長榮女中校園〉》。

・5月5日，「繫絆鄉情：陳澄波與台灣近代美術國際學術研討會」於台灣創價學會至善藝文中心演講廳舉行。[295]

・5月12日-7月8日，「彩筆江河——陳澄波」展於臺北尊彩藝術中心。[296]

・5月，陳澄波文化基金會、典藏藝術家庭股份有限公司共同出版李淑珠著《表現出時代的「Something」——陳澄波繪畫考》。

293.〈《陳澄波全集》新書發表會盛大舉辦　《陳澄波全集》「第三卷・淡彩速寫」出版暨陳澄波作品捐贈典禮」〉《藝術家》第444期，頁158-163，2012.5，臺北：藝術家雜誌社。
294. 參閱臺陽美術協會編印《七五臺陽・再創風華特展專輯》2012.4，臺北：中華民國臺陽美術協會。
295.〈「繫絆鄉情——陳澄波與台灣近代美術國際學術研討會」盛大舉行　台日美韓學者　探討陳澄波繪畫之美〉《和樂新聞》第1版，1926.5.18，臺北：正因文化事業有限公司。
296.《尊彩貳拾週年暨陳澄波彩筆江河紀念專刊》2012.5，臺北：尊彩國際藝術有限公司。

- 5月，臺北市立美術館出版《行過江南——陳澄波藝術探索歷程》、臺北市政府文化局出版《生命的對話——陳澄波與蒲添生》、尊彩國際藝術有限公司出版《尊彩貳拾週年暨陳澄波彩筆江河紀念專刊》。
- 6月8日，陳澄波文化基金會、典藏藝術家庭股份有限公司舉辦「《表現出時代的「Something」——陳澄波繪畫考》新書發表暨『薪傳・心傳・典典藏——展望臺灣藝術』座談會」於典藏藝術餐廳。[297]
- 6月16日，陳重光捐贈油畫〔勤讀〕予台灣創價學會典藏。[298]
- 7月29日，《陳澄波全集》第二次編輯會議於中央研究院臺灣史研究所召開。
- 9月25日-2013年1月13日，油畫〔北回歸線地標〕、〔溫陵媽祖廟〕、〔自畫像（一）〕、〔我的家庭〕、〔裸女靠立椅上紅巾前〕、〔岡〕參展「北師美術館序曲展」北師美術館。蔡明亮導演並以陳澄波遺照為靈感，由李康生扮演陳澄波，楊貴媚扮演他畫中的女人，拍攝《化生》，於展場中播放。[299]

2013

- 1月31日，財團法人勤宣文教基金會出版《阿里山之春——陳澄波與台灣美術史研究新論》。
- 2月1日-4月21日，油畫〔祖母像〕、〔厝後池邊〕、〔花〕、〔裸女握肘〕（現名〔抱肘裸女〕）參展「流轉・時光：走讀嘉義美術」展於嘉義市政府文化局展覽室。[300]
- 2月2日-5月26日，油畫〔夏日街景〕、〔紅與白〕參展「隱藏的真實：典藏品修復展」於臺北市立美術館。[301]
- 3月7日，陳重光捐贈油畫〔山居〕、〔裸女靜思〕予東京藝術大學美術館典藏。[302]
- 為迎接2014年「澄海波瀾——陳澄波百二誕辰東亞巡迴大展　臺南首展」的到來，臺南市政府與財團法人陳澄波文

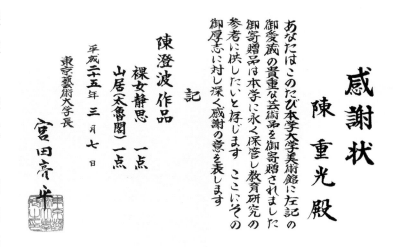

2013.3.7東京藝術大學長宮田亮平頒發之捐贈感謝狀。

297. 涂倚佩〈典藏20週年活動序曲　《表現出時代的「Something」——陳澄波繪畫考》新書發表會〉《今藝術》第238期，頁68，2012.7.1，臺北：典藏雜誌社。
298. 〈豔陽下的陳澄波——贈畫儀式暨閉幕音樂會　藝文扎根　為台灣美術共盡心力〉《和樂新聞》第1版，2012.6.26，臺北：正因文化事業有限公司。
299. 《北師美術館　序＿曲＿展》2013.4，臺北：國立臺北教育大學MoNTUE北師美術館。
300. 《102年陳澄波日：再創嘉義畫都生命力專輯》2013.6，嘉義：嘉義市政府文化局。
301. 參閱「隱藏的真實：典藏品修復展」展覽簡介。
302. 參閱2013.3.7東京藝術大學頒發之感謝狀。

化基金會合作進行教育推廣活動。於2013年利用基金會所提供的陳澄波40件複製畫作品，在市轄內16所中小學及6所大學展開校園巡迴展，更搭配舉辦適齡的教育活動。3月14日於臺南神學院巴克禮公館遺址前舉行「澄海波瀾——陳澄波大展暨教育推廣記者會」。3月25日於新市國小首展。[303]

· 4月2日-15日，〔嘉義公園〕、〔女人〕參展「美麗臺灣——臺灣近現代名家經典作品展（1911-2011）」於北京中國美術館；4月26日-5月19日於上海中華藝術宮。[304]

· 5月11日-6月30日，油畫〔裸女斜坐側右〕（現名〔綠幔裸女〕）、〔裸女握肘〕（現名〔抱肘裸女〕）、〔裸女沉思〕、〔坐姿背面裸女〕（現名〔背向坐姿裸女〕）、〔少女舞姿〕、〔站立裸女〕（現名〔裸女高傲〕）參展「雋永風華——愛與美的禮讚」展於尊彩藝術中心。[305]

· 8月，《陳澄波全集第二卷·炭筆素描、水彩、膠彩、水墨、書法》出版。

· 9月1日，國立臺灣文學館辦理「澄海波瀾——我的油彩獨白」徵文。[306]

· 9月13日，「陳澄波百二誕辰東亞巡迴大展」啟動記者會於臺南吳園公會堂十八卯茶屋舉行，陳澄波文化基金會董事長陳重光先生並代表家屬捐贈陳澄波油畫〔新樓庭院〕、水墨、

「陳澄波百二誕辰東亞巡迴大展」啟動記者會會後貴賓合影。圖片提供／臺南市政府。

303. 洪瑞琴〈陳澄波巡迴大展 將從南市出發〉《自由時報》第AA1版／臺南都會新聞，2013.3.15，臺北：自由時報社。
304. 《美麗臺灣——臺灣近現代名家經典作品展（1911-2011）》2013.3，臺中：財團法人台灣文化會館基金會。
305. 《雋永風華——愛與美的禮讚》2013.6，臺北：尊彩國際藝術有限公司。
306. 參閱「澄海波瀾——我的油彩獨白」徵文活動簡章。

水彩等20件作品給即將成立的臺南
市美術館典藏。[307]

· 10月，《陳澄波全集第五卷·速寫
（Ⅱ）》出版。

· 12月14日，「澄海波瀾——我的油
彩獨白」徵文頒獎。[308]

· 12月23日-2014年3月31日「點景人物
海報特展」於臺南市政府永華市政中
心一樓大廳。[309]

· 12月，臺南市政府文化局出版《澄
海波瀾——我的油彩獨白徵文得獎專刊》。

陳重光代表家屬捐贈〔新樓庭院〕、水墨、水彩等20件作品給籌備中的臺南市美術館，由賴清德市長代表接受，並頒發感謝狀。圖片提供／臺南市政府。

2014

· 為紀念陳澄波一百二十歲誕辰，財團法人陳澄波文化基金會、臺南市政府和中央研究院臺灣
史研究所合作舉辦陳澄波百二誕辰東亞巡迴大展，於臺南、北京、上海、東京、臺北五大城
市巡迴展出。第一站：1月18日-3月30日「澄海波瀾——陳澄波百二誕辰東亞巡迴大展　臺南

2014.1.17「澄海波瀾——陳澄波百二誕辰東亞巡迴大展　臺南首展」開幕晚會盛況。

307. 黃微芬〈永久典藏　陳澄波20幅畫捐市美館　120誕辰東亞巡迴大展　明年元月從臺南出發〉《中華日報》第B3版，2013.9.14，臺南：中華日報社。
308. 翁順利〈陳澄波120歲誕辰徵文　32人獲獎　陳孫女陳麗涓親自頒獎　獲獎作品將納入明年巡迴大展〉《中華日報》第B2版，2013.12.15，臺南：中華
日報社
309. 陳慧明〈南市　辦陳澄波人物海報展〉《經濟日報》第C11版／工商活動，2013.12.27，臺北：經濟日報社。

新營文化中心展場一隅，展示陳澄波的畫架、畫凳和遺物等。

鄭成功文物館展場一隅。

首展」於新營文化中心、臺南文化中心、鄭成功文物館、國立臺灣文學館；第二站：4月24日-5月20日「南方豔陽——陳澄波（1895-1947）藝術大展」於北京中國美術館；第三站：6月6日-7月6日「海上煙波——陳澄波藝術大展」於上海中華藝術宮；第四站：9月12日-10月26日「臺灣近代美術——留學生的青春群像（1895-1945）」於東京藝術大學大學美術館；第五站：12月5日-2015年3月30日「藏鋒——陳澄波特展」於國立故宮博物院。[310]

---

310. 吳垠慧〈120歲冥誕　東亞5城巡迴　告別悲情　陳澄波經典全紀錄〉《中國時報》第A10版／文化新聞，2014.1.6，臺北：中國時報社。

・1月22日-4月6日，「光影旅行者──陳澄波百二互動展」於嘉義市立博物館；4月26日-6月15日，於大東文化藝術中心；12月30日-2015年2月25日，於松山文創園區。[311]

・1月25日，「北回歸線下的油彩──陳澄波畫作與音樂的對話」音樂會於嘉義市文化局音樂廳；12月10日於臺北國家音樂廳；2016年2月26日於臺南文化中心演藝廳。[312]

2014.1.22-4.6嘉義市立博物館「光影旅行者──陳澄波百二互動展」一隅。

2014.1.25「北回歸線下的油彩──陳澄波畫作與音樂的對話」音樂會現場。圖片提供／嘉義市文化局。

311. 參閱1.魯永明〈陳澄波互動展開幕　畫作活了起來　僅除夕休館　春節不打烊〉《聯合報》第B1版／雲嘉綜合新聞，2014.1.26，臺北：聯合報社；
　　 2.梁雅雯〈120歲冥誕　大東畫展　跟陳澄波互動　來趟數位之旅〉《聯合報》第B2版／大高雄綜合新聞，2014.5.4，臺北：聯合報社。
312. 參閱1.廖素慧〈陳澄波冥誕　畫作化為樂音〉《中國時報》第B2版／雲嘉新聞，2014.1.3，臺北：中國時報社；2.趙靜瑜〈七彩鄉愁　化作國樂飄飄〉
　　 《中國時報》第A15版／文化新聞，2014.12.5，臺北：中國時報社。

・2月10日，典藏藝術家庭、財團法人陳澄波文化基金會出版林滿秋著、陳澄波繪《戴帽子的女孩》圖文書。

・2月12日，《陳澄波全集》第三次編輯會議於藝術家出版社召開。

・2月13日-3月18日，〔初秋〕、〔新樓〕（現名〔新樓庭院〕）參展「東京・ソウル・台北・長春——官展にみる近代美術（東京・首爾・臺北・長春——官展中的東亞近代美術）」於福岡アジア美術館；5月14日-6月8日於東京府中市美術館；6月14日-7月21日於兵庫縣立美術館。[313]

・4月24日，陳重光代表家屬捐贈油畫〔五里湖〕、〔戰災（商務印書館側）〕、〔裸女靠立椅上紅巾前〕及淡彩、炭筆素描等共計8件予北京中國美術館典藏。[314]

・4月，北京人民美術出版社出版《南方豔陽——20世紀中國油畫名家陳澄波》。

・5月，臺南市政府出版《澄海波瀾——陳澄波百二誕辰東亞巡迴大展臺南首展》、上海人民美術出版社出版《海上煙波——陳澄波藝術作品集》。

・6月6日，陳重光代表家屬捐贈油畫〔田園〕、〔仰臥枕掌裸女〕、〔甕〕及水彩、淡彩、炭筆素描、速寫等共計8件予上海中華藝術宮典藏。[315]

2014.2.13-3.18福岡アジア美術館「東京・首爾・臺北・長春——官展中的東亞近代美術」展場一隅。圖片提供／福岡アジア美術館。

北京中國美術館「南方豔陽——陳澄波（1895-1947）藝術大展」布展情形。

2014.6.6-7.6中華藝術宮「海上煙波——陳澄波藝術大展」入口意象。

313. 《東京・ソウル・台北・長春——官展にみる近代美術》2014，福岡アジア美術館、府中市美術館、兵庫県立美術館、美術館連絡協議会出版。

314. 王岩〈"南方艳阳——陈澄波艺术大展"开幕　中国美术馆首次获赠台湾老一辈油画名家名作〉《北京青年报》第B15版／文娱新闻，2014.4.25，北京：北京青年报社。

315. 徐佳和〈80年前的"海上烟波"再现沪上　台湾近代艺术家陈澄波大展在中华艺术宫开幕　在沪时期为其创作生涯的关键阶段〉《东方早报》第A14版／文化・动态，2014.6.7，上海：上海东方报业有限公司。

- 6月20日-8月24日，〔淡水〕（現名〔淡水（一）〕）參展「現代美術のハードコアはじつは世界の宝である展　ヤゲオ財団コレクションより（Guess What? Hardcore Contemporary Art's Truly a World Treasure : Selected Works from the YAGEO Foundation Collection）」於東京國立近代美術館；9月6日-10月26日於名古屋市美術館；12月20日-2015年3月8日於廣島市現代美術館；2015年3月31日-5月31日於京都國立近代美術館。[316]

- 9月12日-10月2日，「臺灣繪畫的巨匠──陳澄波油彩畫作品修復展」於東京藝術大學正木紀念館。[317]

- 10月，中央研究院臺灣史研究所、中央研究院數位文化中心出版《光影旅行者──陳澄波百二互動展展覽紀要》。

- 11月，《北回歸線下的油彩──陳澄波畫作與音樂的對話》CD發行。

- 12月，《陳澄波全集第八卷‧收藏（I）》出版。

- 12月，財團法人陳澄波文化基金會出版《藏鋒──陳澄波百二誕辰東亞巡迴大展　臺北》。

- 12月25日，典藏藝術家庭、財團法人陳澄波文化基金會出版林世仁著、陳澄波繪《紅色在唱歌》圖文書。

2014.12.5-2015.3.30國立故宮博物院「藏鋒──陳澄波特展」展場一隅。

316. 《Guess What? Hardcore Contemporary Art's Truly a World Treasure : Selected Works from the YAGEO Foundation Collection》2014.6.19，東京：東京國立近代美術館。
317. 邱馨慧〈東京藝大木島隆康、臺灣師大張元鳳談油畫修復合作　東京藝術大學「臺灣繪畫的巨匠──陳澄波油彩畫作品修復展」〉《藝術家》第473期，頁168-173，2014.10，臺北：藝術家雜誌社。

2015

· 5月15日，《陳澄波全集》第四次編輯會議於中央研究院臺灣史研究所召開。

· 油畫〔綢坊之午後〕長期以來一直被叫做〔蘇州〕，正名後首次於「台灣製造·製造台灣：臺北市立美術館典藏展」（展期：5月23日-10月11日）中展出。[318]

· 8月，油畫〔東台灣臨海道路〕現身日本。日本學者兒玉識為日治時期臺灣總督上山滿之進撰寫傳記時，意外發現上山故鄉的山口縣防府市圖書館典藏著署名陳澄波的作品〔東台灣臨海道路〕，經史料比對後確認該作為當年上山總督卸任返日前，囑託陳澄波赴花蓮達奇里溪（今立霧溪）所畫。[319]

2015.8.11基金會人員特地前往防府市圖書館勘查〔東台灣臨海道路〕。　　〔嘉義街外（三）〕。

· 10月，油畫〔嘉義街外（三）〕現身日本。陳重光回憶起當初為感謝藏家母親醫治其二女兒，於是贈送該作以表謝意。後經友人聯繫上藏家，該藏家現已移居日本。

· 11月8日-12月4日，「澄現·陳澄波Ｘ射線展」於正修科技大學藝術中心舉行。[320]

· 11月，《陳澄波全集第九卷·收藏（Ⅱ）》出版。

2016

· 4月，《陳澄波全集第四卷·速寫（Ⅰ）》出版

· 5月，典藏藝術家庭股份有限公司、財團法人陳澄波文化基金會出版林芳萍著、許文綺繪《會說話的畫》圖文書。

· 11月29日-2017年5月21日，陳澄波遺書、受難著服和文物參展「228·七〇：我們的二二八特展」於國立臺灣歷史博物館展示教育大樓4樓第2特展室。

---

318. 吳垠慧〈綢坊之午後　北美館首亮相〉《中國時報》第A16版／文化新聞，2015.5.23，臺北：中國時報社。

319. 陳湘汶〈近一世紀的神隱　陳澄波〔東台灣臨海道路〕現身日本〉《典藏今藝術》第277期，頁112-113，2015.10，臺北：典藏藝術家庭股份有限公司。

320. 參閱「澄現·陳澄波Ｘ射線展」展覽手冊。

2016.12.3中央研究院臺灣史研究所（左）和國立臺灣歷史博物館（右）頒發捐贈感謝狀給陳重光。

- 11月，典藏藝術家庭股份有限公司、財團法人陳澄波文化基金會出版幸佳慧著、蔡元婷繪《靈魂裡的火把》圖文書。
- 12月3日，陳重光捐贈陳澄波文書資料1567件予中央研究院臺灣史研究所典藏。[321]
- 12月3日，陳重光捐贈陳澄波文物165件、張捷文物302件予國立臺灣歷史博物館典藏。[322]
- 12月4日，油畫〔西湖寶石山保俶塔之風景〕現身羅芙奧臺北2016秋季拍賣會。[323]此作曾與〔西湖泛舟〕、〔西湖東浦橋〕出現於1928年6月22日歡迎陳澄波至西湖之紀念照中。
- 《台灣の近代美術──留学生たちの青春群像（1895-1945）》出版。

2017

- 1月，油畫〔總督府〕，經考證後確認畫中建築為臺南地方法院，故正名為〔臺南地方法院〕。[324]
- 1月，典藏藝術家庭股份有限公司、財團法人陳澄波文化基金會出版林滿秋著《供桌上的自畫像》圖文書。
- 2月24日，「屹立不搖──陳澄波特展」於總統府一樓第3、4展間。[325]
- 3月25日，「淡水──陳澄波戶外美術館」於淡水禮拜堂前方藝術穿堂廣場揭幕。
- 5月11日，〔東台灣臨海道路〕修復後

淡水──陳澄波戶外美術館。

---

321. 參閱感謝狀與捐贈清冊。
322. 參閱感謝狀。
323. 陳澄波畫中國西湖　首度在台拍賣（2016年11月24日）。信傳媒。2020年6月17日檢索，https://www.cmmedia.com.tw/home/articles/1686。
324. 賴鈴如〈驗明正身──陳澄波油畫〔總督府〕繪畫地點之考證〉《藝術家》第500期，頁118-121，臺北：藝術家出版社。
325. 參閱「屹立不搖──陳澄波特展」展覽簡介。

〔東台灣臨海道路〕修復後首次公開。圖片提供／福岡アジア美術館。　　　　「山林唫歌」展場一隅。

首次公開「台湾近代美術の巨匠作品を福岡で初公開！」（臺灣近代美術巨匠的作品於福岡首次公開！）於福岡アジア美術館。[326]

・6月，淡江大學外國語文學院出版陳韋聿著，杜德倫、許邁灣（英）、孔方明（西）、徐鵬飛（法）、孫敏學（德）、富田哲（日）、律可娃柳博芙、蘇淑燕（俄）譯《話説陳澄波與淡水（上）》。

・11月1日-2018年2月4日，〔東京府美術館〕、〔獵食〕、〔望鄉山〕、〔玉山積雪〕、〔裸女抽象〕參展「彷徨の海——旅する画家・南風原朝光と台湾、沖縄（彷徨的海——旅行畫家・南風原朝光與臺灣、沖繩）」於沖繩縣立博物館・美術館。[327]

・12月2日-2018年9月20日，林務局嘉義林區管理處與財團法人陳澄波文化基金會合辦「山林唫歌」展覽於總統府一樓第3、4展間。[328]

2018

・3月，《陳澄波全集第十五卷・修復報告（Ⅰ）》、《陳澄波全集第十六卷・修復報告（Ⅱ）》、《陳澄波全集第十七卷・修復報告（Ⅲ）》出版。

・5月2日-28日，〔東台灣臨海道路〕參展「上山満之進没後80年展」（上山滿之進逝世80周年展）於日本山口縣防府市地域交流中心。[329]

・5月，1939年油畫〔園〕現身。此作為陳紫薇好友林奇玉結婚時，陳紫薇託陳澄波所畫，作為結婚賀禮，並於畫作背後書寫賀詞。

・6月，《陳澄波全集第六卷・個人史料（Ⅰ）》出版。

326.〈陳澄波絵画福岡で展示　修復完了　防府市でも公開検討〉《讀賣新聞》第12版，2017.5.11。
327. 參閱「彷徨の海——旅する画家・南風原朝光と台湾、沖縄」海報。
328. 參閱「山林唫歌」展覽簡介。
329. 參閱「上山満之進没後80年展」海報。

- 6月，淡江大學外國語文學院出版陳韋聿著，杜德倫、許邐灣（英）、孔方明（西）、徐鵬飛（法）、孫敏學（德）、富田哲（日）、律可娃柳博芙、蘇淑燕（俄）譯《話說陳澄波與淡水（下）》。
- 8月18日-10月30日，「比肩──陳澄波與好朋友們的淡水旅行」複製畫展於新北市立圖書館淡水分館B1藝文中心。[330]
- 10月31日，遠流出版事業股份有限公司出版柯宗明著《陳澄波密碼》。
- 10月，陳重光捐贈《素描簿SB21》予笠間日動美術館。

2019

- 3月25日，「望向山林──陳澄波戶外美術館」於嘉義市文化局音樂廳前廣場揭幕。[331]

花蓮東里國小學生參觀「望向山林──陳澄波戶外美術館」。　　　　　　　　　　《回歸線上的候鳥──陳澄波作品特寫》。

- 7月，財團法人陳澄波文化基金會出版王子碩、陳韋聿著《回歸線上的候鳥──陳澄波作品特寫》。
- 11月22日-2020年2月8日，「線條到網絡──陳澄波與他的書畫收藏展」於國父紀念館中山畫廊；2020年3月28日-4月19日於嘉義市政府文化局。[332]

330. 參閱「比肩──陳澄波與好朋友們的淡水旅行」海報。
331. 郭政隆（2019年3月25日）。嘉義市紀念陳澄波　望向山林首以戶外數位呈現。今日新聞。2020年6月17日檢索，https://www.nownews.com/news/20190325/3289399/。
332. 參閱1.何定照〈陳澄波收藏展　看見東亞藝術圈交流輝煌年代〉《聯合報》2019.12.29，臺北：聯合報社；2.小典藏編輯部〈從畫裡，看線條《線條到網路──陳澄波與他的書畫收藏展》〉（https://artouch.com/kids/content-12373.html，2020年5月12日瀏覽）。

國父紀念館中山畫廊「線條到網絡——陳澄波與他的書畫收藏展」展場一隅。

· 11月，國立歷史博物館出版《線條到網絡——陳澄波與他的書畫收藏》。

· 12月23日，財團法人陳澄波文化基金會榮獲「第六屆教育部藝術教育貢獻獎績優團體獎」。

2020

· 2月，《陳澄波全集第七卷·個人史料（Ⅱ）》出版。

· 4月10日，陳澄波長子、《陳澄波全集》發行人、陳澄波文化基金會榮譽董事長——陳重光先生辭世。

「第六屆教育部藝術教育貢獻獎績優團體獎」獎牌。

　　臺灣知名前輩畫家、也是二二八事件受難者陳澄波之子陳重光於4月10日在戴德森醫療財團法人嘉義基督教醫院辭世，享壽九十五歲。

　　陳重光自幼深受父親樂於助人的精神影響，熱心公眾事務；雖未繼承父親畫業，但耳濡目染、理解父親創作理念，成為父親精神志業的繼承者。陳重光就讀臺灣省立師範學院（現國立臺灣師範大學）期間，父親因二二八事件交涉事宜被捕，他為父親請命而四處奔走，然仍無法改變父親不幸罹難的命運。

　　此後全家慘遭牽連，生活陷入困頓，精神也承受莫大壓力。陳重光自師範學院畢業後，成為家中唯一經濟支柱，先後任教於國立嘉義高級工業職業學校、嘉義女中，作育英才無數。在當年

陳重光攝於陳澄波銅像前。

高壓統治、人人自危的社會氛圍下，陳重光與母親張捷冒險藏匿保存父親畫作，企盼歷史撥雲見日之時，眾人得以藉由父親創作認識臺灣文化底蘊。

1979年，陳重光協助母親舉辦首次「陳澄波遺作展」，完成父親作品在臺展示之宿願。直至1987年7月15日解除戒嚴，陳重光才放膽逐步公開保護近卅年的父親畫作與資料。為求歷史真相，使遇害親人沉冤得雪，陳重光於1993年與二二八受難家屬共同創立「社團法人嘉義市二二八關懷協會」，並任創會董事長；致力為父親及受難者平反冤屈，推動二二八事件處理及賠償條例，爭取賠償，要求政府調查真相並道歉，建立紀念碑、明訂二二八為國定紀念日。

1999年，陳重光感念父親作品展現的家鄉風景之美，成立「財團法人陳澄波文化基金會」，終生以推廣美育為職志。同時，催生全國第一座非政治人物紀念銅像，並贈予東京、北京、上海等各大美術館父親畫作，使臺灣美術得以開枝散葉，展現美育力量。該基金會於2019年經中華民國文化部推薦，榮獲第六屆教育部藝術教育貢獻獎績優團體獎。

陳重光一生以關注人權事務、追求歷史真相為己任，並以美育化人，保存、推廣父親陳澄波畫作成為臺灣寶貴藝術資產而努力，讓更多學子透過藝術作品認識臺灣，理解戒嚴體制於臺灣社會深遠之影響，進而追求更公義美好的未來，精神可感，貢獻重大。

時值疫情嚴苛之際，家屬遵其遺願減省所有儀式，並於4月17日完成火化進塔。

—蕭瓊瑞〈陳重光先生辭世〉《藝術家》第540期，頁115，2020.5，臺北：藝術家雜誌社

· 5月29日，陳重光先生獲頒褒揚令。

褒揚令

編後語

　　年譜是以編年的形式記述個人的生平事蹟，透過閱讀年譜，我們可以在不同的時空中與其相遇，領略此人一生的學經歷、行誼、人際關係、生平活動、行事風格等。要認識陳澄波，當然閱讀年譜是最直接的方式，因此《陳澄波全集》在規劃之初即預留最後一卷《年譜》，做為整套《陳澄波全集》的總結。

　　陳澄波年譜的資料來源是奠基在先前已經有的年表的基礎上，包括家屬整理的年表及李淑珠老師修正後的新年表，及在《陳澄波全集》編撰過程中所蒐集到的史料等，透過大量資料的整理、比對與考證，有系統地將陳澄波一生的事蹟建構起來。在資料彙整的過程中，發現素描簿、單頁速寫、淡彩速寫等畫作的落款，竟然記錄了陳澄波的細微行蹤！陳澄波留下的這些速寫作品主要為風景速寫、裸女速寫、人物速寫等，他在一些作品上會記載作畫的時間與地點，這不啻是掌握陳澄波行蹤的第一手資料，我們可以依據這些資訊釐清他的動向，補充年表原本缺少的部分，例如《臺灣日日新報》報導他1932年11月到東京參觀帝展，透過11月26日的速寫，我們知道他還去了本鄉繪畫研究所，可知陳澄波不只在東京求學期間到過本鄉繪畫研究所習畫，甚至畢業後已成為專職畫家的他，若有到東京，即使時間不長，也會抽空去本鄉繪畫研究所精進畫藝，是個認真學習、努力不懈的藝術家。

　　年譜之後半是其「身後記事」，收錄了陳澄波逝世後相關記事，包括：展覽紀錄、作品拍賣、畫冊出版、活動與展演紀錄、家屬捐贈紀錄和畫作的再發現等資訊。不用引文，僅以記事方式條列呈現。從早期記事的缺乏，到近期日益增多的活動記載，見證了家屬與陳澄波文化基金會在陳澄波藝術的推廣上所做的努力。

　　這本《年譜》頁數不多，卻是歷經多年辛勞編輯的成果，除了以史料為依據增補相關資訊外，同時也對陳澄波部分生平記事進行了修正，並加入了相關的史料圖片、照片等，相信對於想要瞭解陳澄波的讀者或研究者而言極具參考價值。

財團法人陳澄波文化基金會
研究專員　賴鈴如

Editor's Afterword

A chronicle is a year-by-year account of a person's history from birth to death. By reading a chronicle, we can meet the person concerned in a different time space, and get to know their experiences, character, interpersonal relationship, life activities and ways of doing things. To know Chen Cheng-po, the most direct approach is to read his chronicle. For this, at the initial stage of planning the *Chen Cheng-po Corpus* (the *Corpus*), we have set aside the last volume for this *Chronicle* as a way of summing up the *Corpus*.

The source of information for this Chronicle come basically from previous versions, including the one compiled by his family and the updated one prepared by Prof. Li Su-chu. In addition, in the course of compiling the *Corpus*, a large number of historical materials have been collected. Through the sorting, comparing and verification of the massive amount of information, the events of Chen Cheng-po's lifetime have been systematically reconstructed. In cataloging the information, we found to our pleasant surprise that, through the signature, recipient names and the dates on his works including those in his sketchbooks, single-page sketches and watercolor sketches, a lot of the artist's detailed whereabouts are revealed. These sketches are mostly about landscapes, nude women and characters. The date and location recorded on these works are tantamount to first-hand information in tracking Chen Cheng-po's comings and goings. From such information, we can determine his movements and fill in gaps in the Chronicle. For example, *Taiwan Daily News* had reported that he went to Tokyo to visit the Imperial Exhibition in November 1932. From a sketch made on November 26, we learn that he had also gone to Hongo Painting Research Institute. From this, we know that Chen Cheng-po had not only gone to Hongo Painting Research Institute to practice when he was studying in Tokyo. Even after he had graduated and become a professional painter, whenever he went to Tokyo, regardless of what little time he had, he would go there to improve his painting skills. This shows that he was an artist serious and diligent in learning.

The second half of the *Chronicle* is dedicated to "Posthumous Events" where records of events after Chen Cheng-po's death are kept. These include information about exhibitions and auctions of his works, publishing of painting albums, symposiums and conferences staged, donations made by his family, and the rediscovering of his works. These are all listed out without any citation or reference. The lack of records in the early years and the increasing number of entries in recent years are testimony to the efforts of his family and the Chen Cheng-po Cultural Foundation in promoting Chen Cheng-po's art.

Though this *Chronicle* is thin in volume, it is the product of years of hard work. Other than adding new information based on historical materials, we have also revised some parts of Chen Cheng-po's lifetime events and added some historical pictures and photos. We believe these are highly valuable for readers and researchers who would like to have a better understanding of Chen Cheng-po.

Researcher,
Judicial Person Chen Cheng-po Cultural Foundation
Lai Ling-ju

Lai Ling-ju

國家圖書館出版品預行編目資料

陳澄波全集. 第十八卷, 年譜 = Chen Cheng-Po corpus.
volume 18, chronicle/蕭瓊瑞總主編. -- 初版. -- 臺北市：
藝術家出版社出版：財團法人陳澄波文化基金會, 中央研究
院臺灣史研究所發行, 2022.1
182面；22×28.5公分
ISBN 978-986-282-285-2(精裝)

1.陳澄波 2.年譜

783.3986   110020364

陳澄波全集
CHEN CHENG-PO CORPUS
第十八卷・年譜
Volume 18 · Chronicle

發　　　行：財團法人陳澄波文化基金會
　　　　　　中央研究院臺灣史研究所
出　　　版：藝術家出版社
發 行 人：陳重光、翁啟惠、何政廣
策　　　劃：財團法人陳澄波文化基金會
總 策 劃：陳立栢
總 主 編：蕭瓊瑞
編輯顧問：王秀雄、吉田千鶴子、李鴻禧、李賢文、林柏亭、林保堯、林釗、張義雄
　　　　　張炎憲、陳重光、黃才郎、黃光男、潘元石、謝里法、謝國興、顏娟英
編輯委員：文貞姬、白適銘、安溪遊地、林育淳、邱函妮、邱琳婷、許雪姬、陳麗涓
　　　　　陳水財、陳柏谷、張元鳳、張炎憲、黃冬富、廖瑾瑗、蔡獻友、蔡耀慶
　　　　　蔣伯欣、黃姍姍、謝慧玲、蕭瓊瑞
執行編輯：賴鈴如、何冠儀
美術編輯：柯美麗
翻　　　譯：日文／潘襎（序文）、英文／陳彥名（序文）、盧藹芹

出 版 者：藝術家出版社
　　　　　台北市金山南路（藝術家路）二段165號6樓
　　　　　TEL：（02）23886715
　　　　　FAX：（02）23965708
　　　　　郵政劃撥：50035145 藝術家出版社帳戶

總 經 銷：時報文化出版企業股份有限公司
　　　　　桃園市龜山區萬壽路二段351號
　　　　　TEL：（02）2306-6842

製版印刷：卡樂彩色製版印刷有限公司
初　　　版：2022年1月
定　　　價：新臺幣1000元

ISBN　978-986-282-285-2（軟皮精裝）